ホワイト・イーグル

神への帰還

桑原啓善　訳

White Eagle

" BEAUTIFUL ROAD HOME "

LIVING IN THE KNOWLEDGE
THAT YOU ARE SPIRIT

The White Eagle Publishing Trust ©
NEW LANDS, LISS, HAMPSHIRE, ENGLAND

ホワイト・イーグル

神への帰還

目次

編者の序文（原著）

本書の題名やテーマは、過去数年間に発行したホワイト・イーグルのお話の本と、趣《おもむき》が少し違っているかもしれません。それは私達出版にたずさわる者みんなの内面意識が成長していったからです。ホワイト・イーグルは私達に彼の教えの核心をハッキリさせることを願っていたのです。たとえば、スピリット（霊）とは生命です、生きることです——死んでから行くあの世でなく、今を生きることなのです。日々の私達の意識は薄明の世界みたいなものです、喜びは束の間で、苦悩の方が一杯ですね。でも、ホワイト・イーグルならこう言うでしょう。幸福になる秘密がありますよ、あなたが気付きさえすればね。生きることは愛なのです、限界などありません。それが判れば、日々の経験が意義深く美しいものとなり、あなたは真理と喜悦の知恵に導かれますと。

本書を一貫した章立てにしようと編集している過程で、はっきり判ってきた事ですが、ホワイト・イーグルの引用章句には、創世記の創造物語やアダムとイブに関係した話が多いのです。本書を読んでいけば、ホワイト・イーグルが人生を一つの大きな輪として描いている事が見えてきます。人は永遠の意識から離れます、つまり「天国」を去ります。外目には神から離れて成長のための経験を重ねていきます。そして遂に神に戻って来ます、英知を身に着けましてね。換言すると、肉体をまとうというその行為を通じて、神の広がり止まぬ愛の手の中で私達はその分身であり続けたという事ですが。

『神への帰還』、それは早くから私達に伝えられている題名です。その中で霊からの特別の通信が伝えられました。人は男も女も旅をする、この旅の中で人の目からベールがゆっくりと取り払われて行き、無限の美と光の道が見えてきます。どうかこの本が有益なメッセージとなりますように。

ホワイト・イーグルの教えの本は、すべてグレース・クックが霊媒とな

り、長年にわたる集会や礼拝でのホワイト・イーグルの教示を、集録して編集して構成されています。こうして、出版もグレース・クックの誕生から100周年を静かに迎えました。本書の場合は、最後の教えと若者を聴衆とする晩の会での話は別として、その他の全ての教えは一般聴衆向けの日曜講演で話されたものでした。私達が本当に今日伝えなければならないと感じるものは、ホワイト・イーグルが50年以上にわたり発表し続けてきたメッセージです。本書で、彼がするのと同じようにそのメッセージが強調され、特別に訴える力を持って読者に届くよう願っています。章の中には、その章だけで完結した教えもあれば、本全体のメッセージを通じて、連関性をもちながらつながるようになった教えもあります。特に鋭い注意力を持つ人ならお気付きですが、THE QUIET MIND（「静寂の心」、これはでくのぼう出版刊の『自己を癒す道』の中に収録）にも出てきた短い言葉が、本書では長い文章になって登場している箇所もあります。本書は、それぞれ独立した教えを編集してありますので、どの章を、どの章句をお読みになってもお役に立つでしょう。本があなたに語るにまかせてお読み下さい。初めのページから終わりのページへと続けて読まなくてもよいのです。

私達は、本書の文章中に小さな挿絵を描いて下さった氏名不詳の画家に感謝の意を表したいと思います。これらの絵は、たまたま文書の保管場所から見つかったものです。これらの絵はホワイト・イーグルが私達に伝えようとした幸福な世界をよく伝えていると思うので、ここに加えることにしました。

本書中、イエスの言葉からの引用文は書体を変えて印刷してあります。

1992年 6月

（注）おことわり
この日本語の翻訳書の挿絵は、原書に掲載されている挿絵ではありません。原書の挿絵は印刷の都合上使用できないからです。それで熊谷直人氏に原書の挿絵を参考にしながらも、全く新しく描いて貰いました。

第1章　地の王国と天の王国

人は男も女もその内部に、目に見えず手に触れられない世界を知る能力が備わっています。これが人間の真実だからです。どんな人も男も女も、その高位の世界に触れ、その存在に気付きます。ある人は少し、ある人はもっと大きく深く。でも、すべての人がその成長の過程で、肉体の家の窓を開き、壮麗なパノラマを見ることになります。人は地上生活中でも、自分の本当の帰る故里《ふるさと》である天の世界に気付くようになるのです。

この地上とはあなたの住み家ではありません。あなたが学ぶために訪問している場所なのです。地上でも、海を越えて他の土地を訪ねることがありますね、楽しみのためとか勉強のため、または何かその地域での奉仕をするためにです。これと同じ事です、あなたの魂が肉体をまとい旅に出たことは、それは見知らぬ土地へのもう一つの旅なのです。

それがあなた方にとって、どんなに大変なことか私たちには判ります。ひどい混乱と物質主義の中に住みながら、霊の生活の真実を正しくつかんだり、あるいは自分の本当の家がどこなのかを理解することは。天国とは、肉体が死んでから初めて入る所だなどと考えないで下さい。今、ここで、目に見えていない世界があなたの本当の家であるという考えをお持ち下さい。あなたの胸の中には、天国への深い希求心がひそんでいます。それがあるので霊的なインスピレーションが受け取れます。あなたの霊は真理に触れて真理を知ります。真理があなたに語りかけます。それは貴方が沈黙した時、心の深奥の静寂にひたる時、または何か大きなストレスの山を越える時――そうですね、悲しみのため魂が根こそぎ揺すぶられる時ですかね。

静かな霊のささやき、指導霊の静寂の声、それは初めは心の聖所から語りかけます。物質にどっぷり漬かったいつもの生活から身を引きなさいと呼びかけながら……。イエスが弟子達に呼びかけたように、指導霊が貴方に山腹においでよと呼び寄せます。その声の呼びかけ方はさまざまですが、常に貴方を真実の家の方へ、近くへ近くへと呼ぶのです。

現代文明社会では、エデンの園の話をそのまま信じる人はほとんどいません。知識人が聖書の教えを分析し吟味すれば、その言葉を額面どおりに受け取ることはできません。「こんなもの、人間の知性に対する公然の侮辱だ！」と今日では、人が言います。そこへ科学が現れて、古代の教えを、きれいさっぱり一掃してしまい、その結果、人が天へ入る糧であった筈の、あの大事な育ちつつあった小麦を捨て去ってしまうのです。

だが、人類はなお古代の神話を信じるように立ち戻ることができます。なぜなら、神話は人間がかつて神の素直な幼子であった日の事を語っているのです。平和と豊饒に満ちて、喜びと幸福に包まれて、そしてエデンの園の外の事は何一つ知らずに生きていたあの日のことを。しかし、ひとたびアダムとイブが知恵の木の実を味わうと、学ぶべき事が沢山あると二人は知りました。知恵の実を食べたのは二人の選択です。その結果、二人は楽園から追放されました。もはや新しい目をもった二人にとってエデンは天国ではなくなりました。二人の霊は知ったのです、「エデンの園」を去らねばならない、経験を積みもっと知るために、またこれまで学んだことを活用するために、エデンを離れねばならないと。

アダムとイブは天国から追放されたと、私たちは聞かされます。彼らは父の家を、神を去ったのです。むしろ、あの放蕩息子の寓話のように、世界の中へ旅に出たのです。そこで自分の体を養うパンを稼ぐために、それだけでなく、心と魂と霊を養うパンを稼ぐために。それから後、人類はその旅の途上にあります。喜びと悲しみ、痛みと苦難を通じて学びながら、経験を積みながら、賢くなるために。

アダムとイブがエデンの園を出たとき、炎の剣を持った天使が門のガードに立ち、もう二人

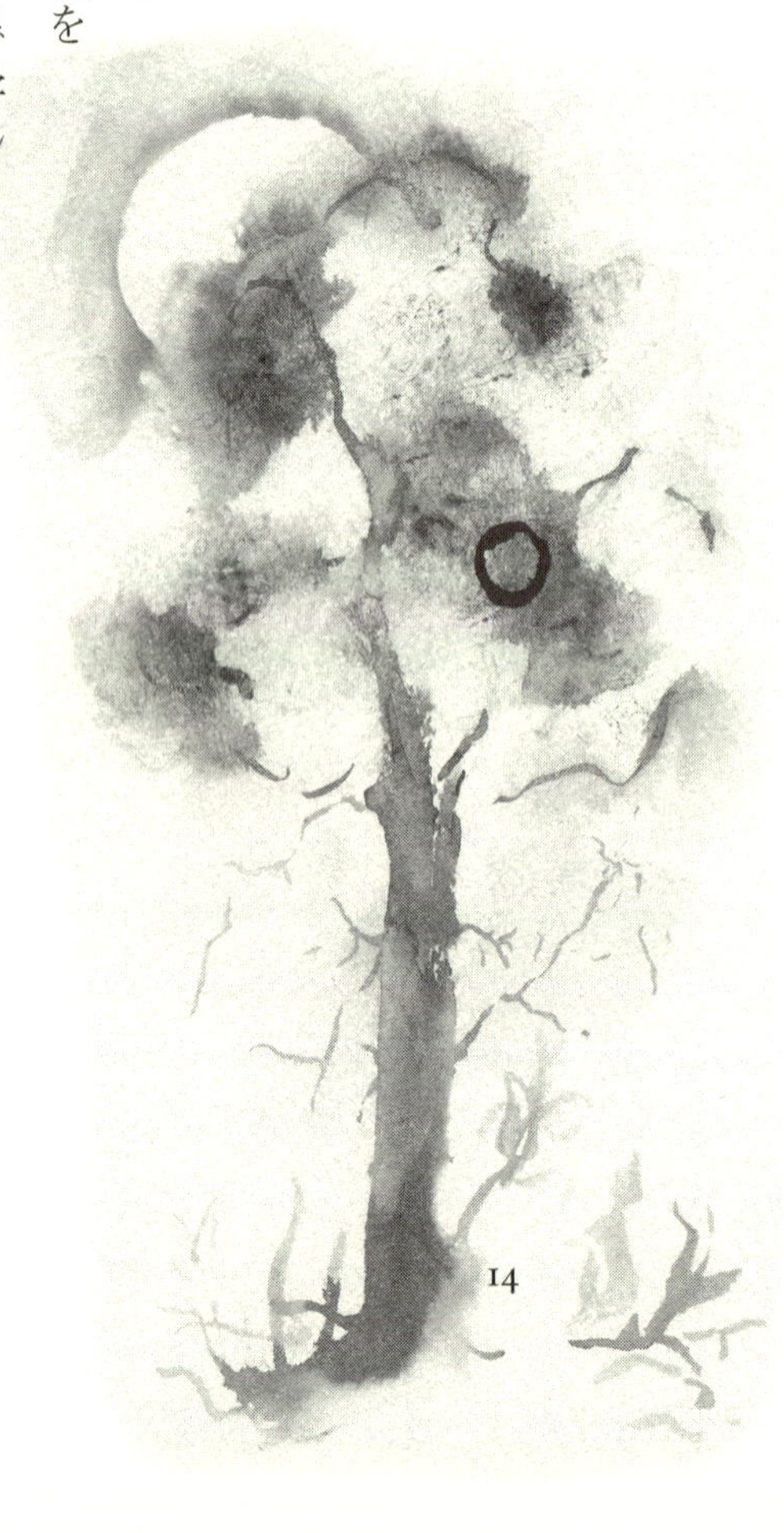

は引き返せませんでした。人は合い言葉を知るまで、その天国へ入る門を通ることはできません。その合い言葉はいくつかの文字で構成されています。皆さんはすべて人生に必要な事を学ぶとき、この文字の発音の仕方、口に出し方を学んでいるのです。一つ一つ貴方が完璧に人生の教訓を学ぶとき、それがこの合い言葉の「文字」になります。その文字は唇で発音する「文字」でなく、生活の中で実践された生きた「文字」です。合い言葉を学ぶためには、人は、繰り返し、繰り返し、見知らぬ土地へ旅に出なければなりません。エーテルの形でその合い言葉が発声される時、炎の剣は取り払われ、天国の門は永遠に開け放たれるでしょう。

私たちはこちら側の霊の世界から、人の霊に刺激を与えては、人の魂に目覚めが起きるようにとずっと長いこと働いてきました。現時点に至り、今、人類は二つの道の間で揺れ動いています。――一つは、全くの物質主義の道、それは大いなる暗闇と底しれぬ悲惨に通じる道。もう一つは男も女も大いなる美しい生命へと上昇を続ける道、それはこの世にあるときだけでなく、あちらの祝福された光と愛の土地へ旅が進んでも、なお上昇を続ける道です。多くの人が今もこう思っています、死ねば最後のトランペットが鳴るまで眠っているのだと。私たちは、これは間違いだと言っています。またある人は、こう信じます。霊界での生活とは、あらゆる欲求が満たされ、気楽で怠惰に過ごせる生活だと。これも真実ではありません。「生きることは働くことです！」この真理を知るとき、人は人生の本当の意味を探し始めます。とはいうものの、生きるとは労働をすること、つまりは苦しく、疲れ果てるような仕事が必要だという意味ではありません。違います。生きることは好奇心にあふれ、活動にあふれ、奉仕に満ちているということです。

イエスは申しました、**「あなたの父が天で完全であるように、あなたも完全になりなさい」**と（注、マタイ伝5章48節）。地に縛られた私達は言います。そんなこと、不完全な世の中では出来っこないと。では、誰がいったいこの世を不完全にしたのですか？　神が創造なされた自然界はすべて美しいものです。もし、人が神の法に従うならば、動物界にあるもの人間界にあるもの、すべて神の創造物は美しくなります。だが人はそうはせずに、生活の一つ一つで神法を犯し、その結果、混沌、災厄、苦しみと悲しみを生み出しました。換言すれば、人は、神の息子であり娘である人間には神の至高の賜物《たまもの》である自由意志が与えられているのに、己れの低劣な諮意《しい》（我がままな心）の波動の方を選択し、その果てに、光ではなしに暗黒のもろもろを生みました。私の兄弟たちよ姉妹たちよ、絶望しないで下さい。この地上で、神の光が人間を貫いて顕現するのは不可能だと考えないで下さい。創造の全目的は、神の愛が内から外へ向かって輝き出るところにあります。ですから最愛の父なる母なる神の御心の息が吹き込まれている私たち全ての魂は、やがてはこの肉体を通じて、そのすべての聖なる特質を発揮させるに至りましょう。この事は、これまで偉大な師たちがその人生で示され、教えられ、また業績の中で実例を示しておられます。何よりもそれはキリストの中にあります。キリストは申された「**わたしを信じる者は、わたしが行う業《わざ》を行い、また、もっと大きな業を行うようになる**」と（注、ヨハネ伝14章12節）。なのに世の人は疑って、その教えが理解できないでいます。あの手この手で弁解ばかりしています。今日の偉大な知識人たちは、師たちの言葉をひっくり返し、ねじ曲げています。その結果、霊がもっている素朴な力も力強さも喪失しています。キリストが言われた言葉はその片々《へんぺん》までも真理であると、私共は申しています。神は人類から切り離された何か遠い存在ではありません。神は息をするよりも近く、手足よりも身近においでになると思いませんか。

次の言葉の意味がお判りかな？　生命の聖火であられる神が、種子となり、すべての魂の核心に宿っておられるということ。神の霊である種子は、幾つもの衣にくるまれています。しかし、神はこの種子を養い成長させるために、皆さんに自由意志をお与えになっています。春咲く花も、冬にはただの小さな球根でした。あなたが球根を手に抱けば、やがて時節が来て、内部に眠っていた花が色も形も香りも完璧に美しく咲き出るので、あなたは驚嘆されましょう。

何という奇跡があの小さな茶色の家から起こることよ。あなたもこの小さな茶色の球根と同じです。あなたも内部に同じ宝物を持っています。もし貴方が望めば、あなたの努力で内在の光り輝く霊の花を、育て花開かせることが出来ましょう。——初めは静かに気付かれもせずに。しかし時節が来れば力強く咲き出て、あなたの体はその相貌を呈します。つまり肉体が聖なる人そっくりの完全な形となるのです。あなたには、このような完璧さを実現する力が内在しています。皆さんは神を創造主として拝みますね。しかし、神はあなたが望めば何なりと創造する力をあなたの中にお与えになっています。

皆さんは現代世界を創り出す手助けをしてきました。併せて、自分自身の体も創り出してきました。新しくこの世に肉体をとり転生する度に、あなたは過去に自分が播いた種の結果を受け取ります。今も、あなたは自分の人生の色模様を創造しつつあるのです。貴方は言うでしょうね「いや、こんな仕事を私は選ばなかった、こんな気に入らない人生など選びはしなかった」と。間違えないで下さいよ、兄弟よ姉妹よ。あなたの現在の人生はあなたご自身の創造物なのです。

ひとたび勇気をもってこの事実を受け入れ、神の英知と愛に身を委ねれば、人は内在の神性を発芽させ、高次の高位の波動が発動して、調和と美と至福の人生に向かいスタートするでしょう。地上生活は、神の子等にとり経験を得るための最大の機会なのです。死後、魂があちらの世界で素晴らしい経験を積むというのは本当です。でも、物質界以上に、人の魂の成長と発達に素敵な経験を与えてくれる場所はないのです、――この地上に肉体をもって生まれること以上にですね。それ故に私共は申します、一つ一つの努力が人生を完全なものにして行きますよ、神が地上で花咲き出るようにとお創りになった花の蜜を生命から吸い取ることになっていきます。あなたの地上転生の一つ一つが、またその現実の生き方、経験、たどる運命の一つ一つは、あなたが神性意識に向かい進化して行くために存在しています。あなたが同胞への愛を学ぶことでそれを身に着けて行きます。

「**互いに愛し合いなさい**」とイエスは申されました。でも、現実は違ってますよね。人は自分のために一生懸命やってるみたい。で、こう言います「もし、私が自分のことをかまってやらなければ、誰が私をかまってくれるだろう」。――これでは宇宙法則のど忘れですね。愛であり、万物万有がそれで創られそれで支えられている愛の宇宙法則の。天使たちは涙を流しています、人が共感を失い同胞への愛を欠き、そのために混沌と不調和を生み出していることに。しかしながら、あなたの国の、また現代世界のお一人お一人がこの真理を知り、自分の生活のすべての面で愛の法を決断してしっかりと実践すれば、思ってもみなかったことが可能となります。私共がこう言うのは、次の真理を知っているからです「善は悪から現れ、光は闇から現れる」と。光は暗い洞窟の中に隠れています、光は立ち昇り、輝き出ましょう。ラザロは暗い洞窟の中に眠っていました、イエスが「**ラザロよ、出て来なさい！**」と言うまで（注、ヨハネ伝11章43節）。言われて、ラザロは立ち上がり、物質性と愚かさの死装束を脱ぎました。主イエスの命《めい》により彼は出てきて、別人となったのです。暗闇から生まれるものが、光です、善です、それは進歩です――これを求めなさい。だけど、あなた方ご自身が、お一人お一人が自分の役割を果たさなければなりませんよ。皆さんは思念の力、ないしは祈りの力を理解していない。みじめな気持ちにならないでください。失望して、「万事休す、人は、どこへ向かっているんだ！」

などと叫ばないでください。皆さん、人は神に向かって歩いています、神のなされるやり方で。すべての人が黄金の太陽であるキリスト神霊に顔を向ける時、黄金の新時代が到来します。皆の心は歓喜に溢れ、足は踊り、声は創造主・大神霊からの生命の賜物《たまもの》に、感謝と讃美で湧き上がりましょうよ。

第2章　創造者としての人

神は皆さんを、天界にいるときにあなたが魂で味わった幸福をこの地上で自覚する者にするため、創造なさいました。人は肉体からひととき解き放たれ、魂になり天界で神の真理を希求します。そのとき魂は世俗性を振り捨て、やがて美と幸福の境域へと上昇します。すると、皆さんはこう思うでしょうな、「ほう、魂が幸福になったのなら、なぜまたもう一度地上へなど戻って来るのか」と。私共はこう申し上げたい。魂は学習の継続のために地上に戻ってきたのである。地上で内在の神性をフルに発揮させ、やがては完全者となるためにですな。皆さん、貴方がたすべての人が地上に天国を創る方法を身に着けなくて、どうやって神の国が到来しましょうか。これこそ皆さんがなそうとしている事ですぞ。

キリストのようになりたいという意志が心中に強く育つと、意識の開放が起きます。これは、高位の自我が肉体に降下するために起きるのです。あなたは、ここ地上にいるのではありませんぞ。地上にいると思いますかな。あなたは肉体が自分だと思っていますが、それはあなたのほんの一部分にすぎません。真我に接し、心の内なる神とつながる静謐《せいひつ》の場に座れば、あなたの意識は高処《たかみ》に高揚します。あなたは気づきますぞ。あなたが昇りたどりついた偉大な光こそ、神の人――あなた、あなたご自身、あなたの神性、真実のあなたです。この神聖自我にあなたの意識が目を開いて行くとき、あなたの全波動は高められ、肉体が浄化されます。

人は生命である神の息子―娘です。神はあなた方を大いなる愛で産まれました。神々は皆さんを産み、肉体の中に送り出しました。人は苦痛や試練には遭うし、時には人生がとても辛いかもしれませんが、混乱や心痛の下に、あなたを支えている力が存在することにお気付きでしょう。災禍、病気、死別、貧困、人間が人間に対して行うありとあらゆる愛のない仕打ち、それから起きる苦しみ、人はそれを耐えなければなりませんよね。でも、貴方が自分に正直であれば、自分の人生を見つめてみれば、自分が奇跡的に助けられてきたこと、導かれてきたこと、試練と困難をくぐり抜けられてきたこと、みんな合点がゆきましょう。この後も、この肉体人生が終わるまできっとそうでしょうよ。もし、貴方がイエスが絶えず弟子達や群衆に素朴に語っていたあの愛の教えに従えばですね。

あなたのハートの中には、神が置かれた種子があります。それは生命の種原子です。この種子があるがゆえに、もし貴方が法を知り、法を働かせれば、貴方は一切を抱擁する生命の光そのものに触れられます。ここで言う種子とは魂ではなく、純粋な霊を指しています。魂とは霊の上着ですよ、エーテル的な媒体ですよ、一人一人にそなわっている天と地の結び目です。魂は純粋光の創造の境域から印象をキャッチしてきて、これを脳に伝える役です。でももし人が心に愛をもつなら、即ち光を持っているなら、その光の力が美の創造をさせます、――音で、色で、形で、言葉で、美の創造をいたします、その人は己《おの》が生活の中に創造を致します。すべての人は自分の内部に、この創造の力を持っています。この力はかの純粋な白光・神の霊によって光が与えられ活力を与えられています。霊とは愛なのですよ。この故に、人は愛を持ち、愛が何であるかが判るまで、どんな人も完璧な創造は出来ません。キリストの愛、これによってのみ完璧なものが生まれます。この愛、私がこれまで何度も申してきました光、これこそがハートの中の種原子を成長させる力なのです。

種原子が育ち始めたら、枯らさないように。愛の、寛容の、善意の気持ちを強く持ってください。この気持ちを強くお持ちなさい、そうすれば、霊的な力や英知がどんどん育っていきますから。もし透視能力がおありなら、この小さな種子の中に生命の火花があるのが分かります。この生命が光に見えるでしょう。この小さな種子が炎のように見えましょう。

古代の聖職者は、一見何も無いところから祭壇の上に火を生み出しました。聖職者は、あるやり方で両手を置き、ある言葉を唱えます。すると小さな光が現れ、だんだん炎となり、炎は大きな火柱となりました。――これは、空間を越え、静寂の中から物質的な形へと顕現してくる、神の生命の姿を人々に説明するものです。私達には見えます、白光が小さな種子を貫いて輝いているのが、種子を暗闇から太陽の方へと引き上げているのが。種子は障害を突き破り、陽光に助けられつつ、一粒の小さな種子から緑の小麦へと、完璧な花へと変化します。この事も、私たち人間に目に見えない力の存在を教えるものです。この力は私達をとり巻いているエーテルの中にある命です――だが、とりわけこの命は人間自身の中にあるのですよ。

するど次の質問が耳に聞こえます、「それなら、私達はなぜ苦しまなければならないの――それってカルマかしら？　あれは誰のカルマのせい？　国家の苦難、他国との間に生まれる苦しみは」。私達は答えます、それは人類のカルマですよと。よろしいですか、皆さんはまだ子供のようなものです。多くの人は幼稚園にいます。ある程度の人々が上の学年にいます。少数の人が霊的教養を積む大学に進学しています。愛と奉仕の法に従い生きる道を身に着けた人は自己のカルマを解くだけでなく、全人類のカルマをその桎梏から解く助力をしています。善とはこのように働くのです――あちこち駈けまわり、戦争したり、喚いたり、討議をせずとも、それは働くのです。人が寛容となり、他の人々に何が必要か感じられるようになると、自分の目の前に起きる物事を受け容れます。これが他の同胞から人類カルマを解く手助けになっていると感じて。これが貴方に理解できれば、あなたは真の同胞愛がお判りになったということになりましょうぞ、愛する皆さま。

同胞愛とは、自分の好き勝手なやり方で事を運べばよいというのじゃありません。同胞愛とは、分かち合うこと、喜びも、苦しみも、共に分け合うことです。――この地上で働いている神法に、謙虚に誠実に従うことです。――それは男も女もそのハートの中に働いている法ですぞ、つまり全人の人生を貫いて働いており、人に教訓を与え、善と悪、無私と利己、この違いをすべての人の目にもの見せてくれる法です。

世界の悪は、法律だけで正せるものじゃありません。人間の心を通してのみ正すことができます。また次の事を心得ておいて下さい、人はみな霊的に同じ進化レベルにあるのじゃないことです。だから少しばかり山の上へ登った人は、低い所にいる同胞を、批判的に見るべきではないのです。すべての人を愛で――哀れみですらない、愛で、――すべての人が山のスロープを登っているのです、やがて遂にはみんなが山の頂上に達します、その時人は黄金の衣にくるまれていますぞ。それはこの地上の金でなく神の素晴らしい黄金――左様、愛の黄金です。

これが私共の申している黄金の稔りです。どんな人もやがては、ここに至ります。あなたが誰か、何をする人かに関わらず、みな内部にこの光の火花を持っています。この内在の光にベストを尽して従うこと、愛の人であれ、親切であれ、謙虚であれ、そして優しくあること、その思いにおいて、行為においても、――それ単純なことでしょ、――そうすれば、あなたは絶えず成長いたします。それだけではありませんぞ。あなたの存在の核、あなたのハートが開かれて行き、種子に注ぐ陽光さながら貴方に降り注いでいる大いなる白光の祝福を受けましょうぞ。

イエスはかつて言いました、「**一羽の雀も地に落ちることはない、神が知り給うことなしに。あなた方の髪の毛一本までも数えられている**」（注、マタイ伝10章29、30節）と。さて、もし貴方が霊界の英知の殿堂にある人生図表を見ることが出来たら非常に入り組んだ十字の模様がみえるでしょう。それ、数え切れないほどの小さな線が、後ろや上へ行ったり、前へ行ったり横切ったり、上がったり下がったりしていいます。それも繰り返し、繰り返し、交差してるんです。これらの線には目的があります。全ての線が、神法に従って動いています。あなたがどんな人でも――心が悲しみに打ちひしがれていようとも、――あなたの事を指導霊が

知っています、指導霊のその上の指導霊が知っていますよ、遙かな高処《たかみ》の偉大なお方がですね。そしてとりわけ、あなたの天の父であり母である神、創造主があなたを御存知です。あなたが必要とするものをすべて御存知です、それが物的なものでも霊的なものでも。それからですね、あなたの身に起こる事はすべて目的があるのです。

皆さんは、こうすればどうなるか、自分で分かってないといけないわけです。また、どうしたら目指す人に会えるか、しかるべき時に目指す所へどうしたら行けるか判るんですよね。神は皆さんの望むことをすべて御存知なので、導きと助けのために神の御使を出して下さっています。人生のどんな些細な一事にも、見つめる目、守る目がございます。やがてすべての人にこのことが判る日が来ます、慈愛をもって見守る神の知と愛が存在していることがですね。また、男であれ女であれ、その苦しみがどんなにひどくても、苦痛を救いに来る慈悲の力が常に存在することがですね。されば忘れないで下さい、あなたは同胞を助けるため、神の通路となりうることを。時に、あなたは何か言葉をかけたくなることがありますよね、ある時はそれを口にし、他の時には尻ごみして「言いたくない」と言ってみたり。けれども、もしあなたが、常に愛と包容力をもって、行動し、言葉を口に出せば、それは天使の仕事をしているのだと、私共が皆さんに保証します。

だが、人類は、永久に肉体に閉じ込められているわけじゃありません。どの人にも待ち受けている黄金の稔りがあることを忘れないで下さい。時間など何でもありません。千年も一日にすぎません。そして、男も女もすべての人が神の黄金の世界へと昇る道を進んでいるのです——そこで、皆が不壊《ふえ》の永遠の光の体で住むことになりましょうぞ。

死後、霊の世界に入ったとき、つまり、肉体のしがらみから解き放されたとき、あなたの目は開かれ、光輝く天界の栄光を見ます。霊の世界で、あなたは見るものすべてが内面の光で輝き、色も、地上では想像もできなかった色をしているのに気づきます。内面からの天の光で輝く至極の美よ、されば息づき放射する色・調和・美。あなたがもし肉体に住みながら、渾身の力で自己の内に光をとり入れることが出来れば、一閃のその風景、いや、霊界で見えるものがどんなものか、その片鱗が貴方に少しばかり判りましょう。兄弟よ、他でもなく、愛を与えることで、みなさんは光を体に取り込むのです。

第3章　霊こそ、生命《いのち》

こうして皆様と語り合えること、とても嬉しいのです。私共がどうしてもお伝えしたいことは〈永遠の生命〉、これです。これに人の魂が気付くこと、それはあり得ることです。でも人によっては、死んでもまだ生きてるなんて恐ろしい、と考える人もいましょう。また人によっては、永遠の生とはこの地上物質世界にいつまでもしがみついている事とか、この世でかき集めた所有物、色々な物的状況にしがみつく事と、お考えの方もおありでしょう。所有物と申しても物質とは限りませんよね、心の所有物が人によってはもっと大切でしょう。たとえば愛する人への執着、これが大事な物だと思えたり。このような執着を非難するのは易しいことです。でも、我が身を振り返って人生への姿勢を考えてみると、私達は物質界にだけでなく、精神世界の事にも所有欲、執着を抱きます、そうですね。

私共が申す「永遠の生命」とは何でしょう? それはですね、この死すべき生命の彼方にあるもの、死後魂がたどる彼方の命、それさえも越えたあるもの。私共が言う永遠の生命は、すべてのものの脱却、死すべき運命の脱皮、また、人の持つ弱点や限界これを越えてSpirit(霊)が顕現しそれが勝利を握ること。イエスが言ったように、人はもう一度生まれねばなりません、古い死すべき自己から。左様、古いアダムは死ぬということ、新しい人となって生きるためには。死ぬ運命の苦から脱却したら人はどうなるのか、神に結ばれた魂の平和や自由や至福がどんなものか、私共は言葉ではお伝え出来ません。イエスはこれを〈神の王国〉の様《さま》と言いましたが、むべなるかな（まことにその通り）でしょう、言葉で申せばその通りです。ここの境《きょう》に行けるのは、肉体から離れた魂だけではありませんぞ。肉体を持った人も神の御前《おんまえ》に行き、神の御許《みもと》にとどまり、その祝福を体感します。多くの聖者らがそのように致しました。どの魂もこの道を通り神へと導かれて行けるのですぞ、誰一人この枠からハミ出た人はいません。

人間生活の二つの面について、考えてみましょう。最もきわだっているのは、何といっても肉体的な物質的な面ですよね。でも、もう一つは、潜在意識の底の方に隠れて見えないけど、不意に表面化して意識に上ぼってくるアレですね。私が申しているのは霊的な側面の事です――つまり内面生活の面です。大多数の人は物質生活の方に大きな関心を向けています、それはそれで正しいのです。何といっても物質生活を通じて、魂は成長しますし、神に向かって進むものですから。でも、それが完全に正しいというわけじゃありません。二つの面をちゃんと認め、両面に適応し、完全に二つの側面のバランスがとれてないといけません。人が先ず第一に関心を根源的に向けなければならないものは霊です。霊的な生活面は後回しにしてよいと考えるのは無益です。人間の進歩と幸福は、物と霊との間の調和とバランスをしっかりと身に着けること、ここにかかっておりますからね。地上の人間は霊的生活を人間存在の至上の光と観じ、それを人生の目的とするまで、人が生得に与えられているこの世を越える偉大な歓喜に到達するなど、あり得ないことです。

物質的・肉体的生活は、永遠の霊の生命の基礎の上に築かれねばなりません。霊は至高の存在で、昨日在り、今日在り、永久に在る、それです。永遠の生命とは、いつか安息と悦びの未来のあの世で待望するものではありません。永遠の生命は、神についての気付き、神智そのものとなることです。皆さんはいつなん時でも、それに目ざめることが出来るのですよ。この地上で、今でも……。「**あなたがたは、人の子が来る、その日、その時を知らない**」（注、マタイ伝25章13節）と、イエスは言いました。これはどういう意味でしょうか？　これは……人は、神が常に臨在しておられるという意識が、いつ何時自分に生まれるか、誰も知ることが出来ないという意味です。そしてその時が来れば、人は永遠の意味を知りましょう。そうして魂は永遠の生命の流れの中に入って行きますよ、意識的に。

ここに、みなさんのゴール、目的があります。皆様はすべてここに到達するために創造されています――つまり神―生命の流れの中に入って行くために、意識的にですね。すると、あなたは判ってきます、自分は兄弟や姉妹のハートの中にあり、兄弟や姉妹はあなたのハートの中にあること――あなた方は共に神の中にあり、全ての命は神の中にあって、自分は他のどんな一部分からも分離することなどありえないこと。神の中にこそ、永遠の生命と真理があるのです。神は、至高の力であられ、英知であられ、全ての命を支える愛なのです。

私達は多分皆さん達よりも知っていますよ、人間の苦しみがどんなにひどいか、困難なものかという事ですね。またもう一つ知っています、どんな人、男にも女にも子供にも心安らかとなる一つの源泉があるんです、確実な慰めと癒しが存在してるのです。それは戦争の最中にあっても、危険の最中にあっても魂は平和と安定が得られます、あなたがもし意識を外的世界から、内面の実在へと目を向け入って行かれますればですね。

これは何を意味するのでしょう。一言で申しますと、自我の放棄です。あなたを取り巻く一切の心配事、不快なこと、困難なこと、これの放棄。左様、すべての悩みを神に委ねるのです。――多分、こんな事は大抵の人が一番やりたくないことでしょう。みんな自分の悩みには食い付いていたいですからね。そりゃ私達霊として生きてる者には

言うは易しい事です、判っています。でもそうではなくて、この神への大霊への自己放棄、この中にこそ幸福と健康と愛の秘密が存在している、これが私共が皆様に差し上げられる単純な真理なのです。でも、これは貴方が世の中のためになすべき奉仕と仕事を捨てよというのとは全く違います。この放棄（身を委ねること）は、あなたの自我の最も深部で起きる事です。それは静寂のきわみの中で魂に生じます。その時、魂は外界のうるさい事、困惑、悲しみから身を引きます。悲しみ事に執着してはなりません。身から脱落させなさい。そしてもし貴方の身に困苦と試練があり、多分幻滅の途上におありなら、次の言葉を心にとめて下さい。「**また、しばらくの後、汝は我れを見ん**」（注、ヨハネ伝16章16節）。

上記は神の子が語った言葉です。この神の子とは、天の彼方、あなたから遠く離れた独立した存在ではありません。あなたやあなたの兄弟姉妹の身を貫いて光り輝くことの出来る神の光です。ほんのしばらく、神の子は離れているみたいですよね。神の子は戻って来ます……貴方が求めるならば。この次、もしあなたが恐怖、怒り、心配、困難に見舞われたら、神の子を求めなさい。じっと静寂を保つのです、想いを至高の存在に、それだけに向けるのです。すべてのもめ事、問題を委ねるのです。神に全てを引き渡しなさい。そうすれば、光は戻ります、光があなたを照らし、貴方は自分の道を見出します。こうして、このような歩み方をたどった道の終局に、神の国の入り口が待ちうけています。

人が物質的なものに執着や欲望がある限り、真理に出会い真理を理解することができません。このような人は自分が天からさずかっている本性に気付くことはないのです。でも、魂が高められてその限界を超えれば、この人には生命とは永遠であることが見えてきます。それから自分の過去は皆記《しる》されている、そんな感情が湧いてきます。あなたの霊の本当の家は、いいですか皆さん、ここではないのですよ、この物質に縛られた。そうでなくて、光と栄光の王国なのです。ここ地上生活の一瞬ごとに、あなたはその霊のふる里である王国に触れることだって出来るのですよ。辛い日常の仕事の後、全き平和と安らぎの家に行くなんて、それ良い事じゃありませんか。左様、それが地上の労働と共にあるのです。一瞬一瞬にね。あなたが自分の高我と自分の霊と確かに交流がとれればですね。かりにそれが一瞬であっても、あなたは自己の霊のふる里へ足を踏み入れるのですよ。

霊には、時間はありません。全てが永遠の現在です。霊の生活では、一瞬が千年ということもありえます。愛する人の死を悲しむ人々にとって、私たちの言葉はあまり慰めにならないかもしれません。あなたは、こう尋ねるでしょう。「私の愛しい人はどこにいるのですか。あなたの言うことを聞いていると、私の愛しい人は、私の手の届かないどこか遠い天国に行ってしまったと思ってしまいます。」と。あなたはまた寂しくなり、愛する人がここに居て貰いたいと願います。でも私達は保証いたします、何ものも、あなたを愛する人から隔てることは出来ません。あなたは彼と、彼女と共に居るのです、あなたの一番奥の自我のところで。なぜなら、霊の世界は、内面の次元に存在していて、霊の世界は内なる世界だからです。それも、あなたのすぐ傍《そば》にあるのです。私たちは、たった一人で生きているのではありません。私達をとり巻いて、あたり一面、光の世界に入った魂達が一杯に居るのですよ。ホレ、あなたのすぐ傍に来ています。もし、これら霊的存在の助けがなければ、人間の霊は物質の中に深く沈み込むでしょうよ。でも、神はその子等が生命に目覚め、取り巻く霊的世界に早く近付けるようにと望まれたが故に、人類に使徒、天使、教師、救世主を遣わされました。

あらゆる時代を通じて、人目につかず陰に隠れて人類のために働く人達がいました。そのおかげで、人類は気付きへと、内面の進化がすすめられてきました。これあればこそ、人は霊的に後戻り逆戻りせず、すべての者の霊性がアップさせられつつ、霊との交流、聖者との交流がなされてきたのです。この意味は明白ですね――霊的生命の知識をもち、かつ高位の世界との交流がある者はすべて、心もその意識もあげて、聖なる愛への完璧な自己放棄をなすべきだということです。この熱望と瞑想の生活の故に、そのために物質的世界の義務が果たせなくなるということにはなりません。もしあなたが神に全的放棄をなし、自分の地上の我《が》などもはやゼロだ、その我《が》では何も出来ないと自《みず》ら認めれば、即ち事が成就するのは自分を通じて働く神の霊なのだと認めれば、その時、あなたは神の仕事を為しつつあるのであり、失敗は存在しません。

心に、霊のこの愛を燃やし続けてください。これをあなたの導きの光にしてください。全ては愛です。神は愛です。生きるとは愛です。

第4章　神は、父であり母である

ひとたび、霊が物質に宿り住み始めると、いわゆる魂を形成していきます。魂とは感覚・感情の産出物です。つまり、精妙な内在の自我が物に触れ、地上経験を重ね、その結果形成されていった貴方の部分です。感覚・感情って、痛いとか嬉しいとかアレです、この感覚・感情を通じて人の魂は創られていくのです。世界の魂、これは世界のみんなの感覚・感情なのです。一つの国の魂は、その国民の感覚・感情生活から築かれます。国民の生活がその国の魂を作るのです。また、魂とは生命のもつ女性的側面であると言えます、即ち万人に具わっている母性原理ですね。それは生活の中での優しさ、愛、穏やかさですね。これがないと精神は死んでしまいます。

生命の第一原理は、聖なる「意志」、それは「父」ないし男性的側面です。この第一原理から、「母」ないし女性的側面が生まれます。これは万物に形を与えるものです。創世記の古い物語では次のようになっていますね、アダムが眠っている間に、最初の創造物であったアダムのアバラ骨から、つまり心臓のある箇所から、「女性」が（魂が）抜き取られたと。換言すると、第一原理の男性から、生命の第二原理である「女性」が生まれたのであると。

魂なしでは、第一原理は生き続けることも、進化することもできません。アダムにはこの第二の側面が必要だったのです。アダムが生きていくためには魂を身に付けねばなりませんでした。魂があって人間の自我に感覚・感情があるわけですからね。

来るべき時代には、地上の人類は直観の面が発達して、魂の力が増して行きましょう。意志である父の側面は、直観の側面である母性があってバランスがとられていくのです。この二大創造原理の完全な融合、これが成就する時キリスト人が生まれます。

私達がこれから何を言おうとしてるか間違えないで下さいよ、人にはすべてどなたも両性があるのです、つまり男性と女性この二面です。人はみな多くの試練、苦難、そしてイニシエーションを経験します。これがあってこそ意志の面と愛の面の二原理が少しずつ芽生えて行きます。やがて遂には完ぺきなバランスを実現します。ですから、神の化身とか救世主とか人々が称賛するキリスト人、つまりは完全に魂が顕現された人も出現するのです。

ですから、神の子である皆さん達、万人に内在するかの偉大な力についてもっと語りましょう。それは神の光です、あなたの物質性を消していって、あなたご自身である神の息子、神の娘の本質を発現させる光の話ですよ。私共は折にふれ時にふれてこの話、人に内在するキリスト光の話をしてきました。きっと皆さんは一つの真理の繰り返しでウンザリなさってるかもしれません。でもしかし、これが生命の唯一の真理なのですぞ。ですから、皆さんが自己内在の神の光を理解すること、そして就中《なかんずく》、神の至上の息子（訳者注、人間イエスのこと）に顕現されたように、地球惑星の神である〈キリスト〉を理解することがとても大事なことなのです。どうしたら貴方は、日常生活で自己内在のこの光を、最高度に発現させることが出来るでしょうか。それは単純なことです。次のイエスの言葉を実行なさればよいのです。「**互いに愛し合いなさい**」（注、ヨハネ伝13章34節）。この短い言葉を貴方が本当に理解して生活すれば、世界がぜんたい光り輝きますよ、活力と幸福と豊穣《ほうじょう》に充ちて。

愛はすべての神の創造物にまで広げないといけませんぞ、このことを申し添えておきます。人が兄弟である動物に残酷な仕打ちをしておいて、わが身に苦しみも痛みもはね返らないという事がありましょうか。残忍は恐るべき罪ですぞ。皆さん、残酷な行為、残忍な思念、言葉、これらすべてがそうです。家畜は、人間に頼って生きなければなりません。彼らは人間を信用します。人間から食料をもらい、保護を受け、人間と仲間付き合いすることを期待しています。しかるに彼等はしばしば無思慮に、

身勝手に、不注意に、苦痛が与えられています。平和と真の同胞愛の開花は、皆さんが神のすべての創造物に――地球そのものに対して――親切である時、思いやりと敬意をもって対処する時に生まれるものですぞ。以前にも次のように申しましたな、「全ての生命を敬いなさい、全ては神のものですからな」。

もし人が、素朴に毎日の生活で、身のまわりの動植物すべてに愛といたわりをもって生きれば、いったい何が起きるでしょうか？　その人は自分のスピリットと、大神霊とのつながりを強化します。即ち全能にして光と力の燃え上がる光明の太陽であられる大神霊とのですね。愛の力により人と神との交流が確実となり、魂に光が注がれるのです。その時、人は光の体を築いていきます。この体の事をイエスはたとえ話で婚礼の衣服と呼びました（注、マタイ伝22章11節）。なに人も、この光の礼服を着ずに、たとえ物質界の生活が終わっても、天国の生活に入ることはできません。

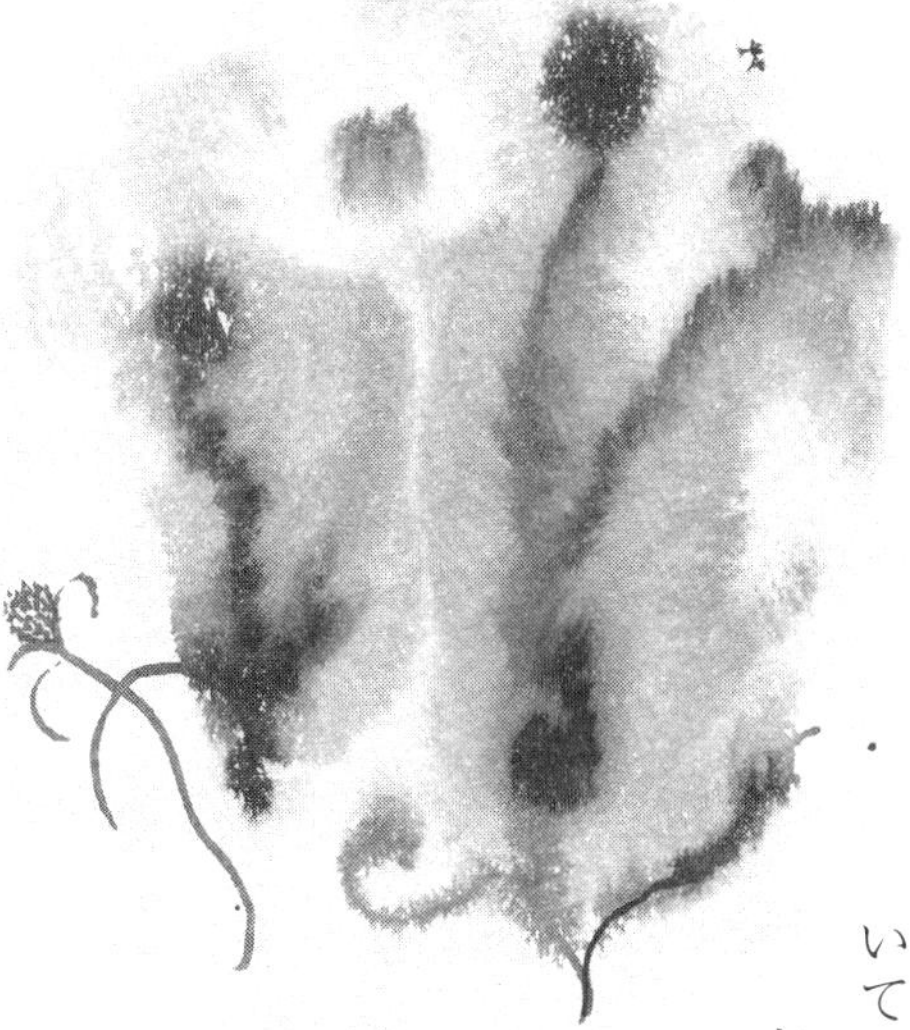

すべての宗教の中に、人の中に眠っているスピリットの光を働かせる方法についての教えが見出せます。人がこの世に生まれた全目的は、この力

を開発させることにあります。これは愛を通じて出来るのです、知的な研究を通じてではありません。みずがめ座のこの知性の時代には、多くの人がこの過ちを犯しています。人々はこの本の次にはあの本、その次はまた別な本と、本を読むばかりで、頭は読みもののことで一杯になっています。だが、もっと必要なものがあるのです。——ハートの中の英知、そして愛です。愛は光なのだから。あなたのメンタルボディ（知の媒体）は、本を読めば非常に強化されているかもしれません。だが、ハートに愛が、愛の奉仕をする願いが満ちていなければ、せっかく得た知識を活用することは出来ません。それをコントロールすることさえ出来ません。逆に知識に振り回されてしまうでしょう。知識があなたを飲み込みます。それだから現在は、愛の素朴な光を発達させることがとてもとても重要なのです。これなしでは、この知性の時代の巨大な力が、人々を破壊し、飲み込んでしまいそうだからです。だが恐れちゃいけません。私共はこの阻止方法についてお話をしているのですから。ただ次の一点を強調しておきます、それにふさわしい善意と愛の人柄なしで知性だけを刺戟する、この危険性です。

皆さんの内部には、どなたにも、キリストのようになるまでその霊性を進化させ得る機会が万人に備わっているのです。志《こころざし》を高く持ち続けなさい。霊において強くありなさい、落胆なさるな。でも自分の欠点を認めることは良いことですぞ。謙遜であることは、志《こころざし》を高く道を歩む者にとり道連れなのです。足は大地に着けるのです、左様、顔は天に向けること。すると高処からあなたの中に流れ込む光が、あなたの足を大地に据え、その足を正しい方向に導きますぞ。この聖なる光を信頼しなさい。この光に身を委ねなさい、落ち着いた心で、神への愛に満たされたハートで。私共は、何も皆さんからはかけ離れた場所から、何やらボンヤリとした不可解な力の話をしてるのじゃありませんぞ。聖なる神の光が、あなたの内部にあるのですぞ。されば、顔を天に向けハートを太陽に開けば、太陽の光線が貴方の中にある光を刺戟します。この内なる聖光が貴方に顕現するように努力しなさい。急ぐなかれ、されど心は静かに穏やかに、神にピタリとハートを向けてですぞ。

「求めよ、さらば与えられん」（注、マタイ伝7章7節、ルカ伝11章9節）。イエス＝キリストは、理由もなくこう言った訳ではありません。求める人は必ず見出します。その答がすぐ見つかることもあれば、答がわかるまでに一生を費《つい》やすこともありましょう。いずれにせよ、答は見つかります。求める魂には、必ず答が与えられるのです。

物質界のあれこれに首まで浸っている皆さんが、そ

の苦から脱皮することは容易な事じゃないでしょう。私達とて同様、私共にも限界はあります。それは皆さん方と同じくある程度までは、自分達の仕事及び奉仕の性質によって縛られるからです。かつて私達はこういう質問をされたことがあります、あなたは自由を手にしたのに、なぜまた鈍重な地上の環境に逆戻りして来たのですかと。私達はこう答えました、「それは地上の友等を愛するからですよ。彼らの求める声に引き寄せられ、手助けするため戻らなければならないと思うからです」と。こういうわけで、我々は皆ある程度の束縛には苦しむのです。しかし、ハートには愛があるから、為す仕事のすべてがスムーズに展開します。この事は皆さんにおいても同様です。貴方が心に愛を抱いていれば、貴方には落着きと平和があって、貴方に敵するものはすべて貴方から離れて行きます。

愛こそ第一の必要物です。このように皆さんにはいつもお話ししてきました。皆さんの聖書はこう言っているでしょう、あなたに多くの能力があったとしても、もし愛を欠いていれば、貴方は「騒がしいドラや、やかましいシンバルのようなものだ」と(注、コリント人への手紙13章1節)。愛が鍵です。貴方が生命にいとおしみを抱き、地球と神が創られたすべてのものの美に愛を感じている時は、貴方は喜びとエクスタシーにさえも満たされていましょう。その時は、どんな小さな事でもが貴方に深甚の幸福を運んで来ましょう。それだけでなく、愛するとたちどころに、貴方は与えることを切望します。それはこうしようと思って、それからそうするのでなしに、愛すれば、あなたは与えます。

少し前のことですが、私共は一人の女性、そう私達が深いいたわりの思いを感じていた人に話をしていました。彼女は深い悲しみにあり、他界した愛する人との再会を強く願っていました。しかし、自分の人生の過去に対して強い怒りと恨みさえも覚えていたので、自己と幸福との間に壁を作り出していました。天国は彼女を待ち受けていたのですよ、いま彼女がこうして肉体生活を続けているその中にあっても。でも、彼女の方が胸に怒りあるがゆえに、天国の門には近付けなかったのです。沢山の事柄が人々を天国から遠ざけます。でも怒りと恨みがその最たるものです。これら障害を取り除けられるよう、皆さんは努力しなければなりませんぞ。このような人を地上に縛り付ける否定的な体質が貴方から消えるよう、神に心をこめて祈らねばなりません。

神は人を幸福にしたいと望んでおいでになる。この事、男も女も理解できますかな？　神が人を罰せられるのではない、自《みずか》らが自《みずか》らに罰を課している。これ理解できますかな？　この単純にして永遠の真理、これを自分で否定したいがために皆さんは何やかやとへ理屈を作り出している。皆さんは、自分が自分の敵だと、自分で自分のトラブルを作っていると言われるのが、とても我慢できないのです。でもね、貴方が愛をひたすら行って、神の御胸の中に、キリストのハートの中に入っていくようになると、悩みなどはもはや貴方に手出しは致しません。人が地上の事に縛り付けられている限り、人はトラブルのとりこになっているのです。

　私たちは、何も皆さんに地上でなすべき義務はそっちのけにして、高い栄光の世界に昇るよう努力しなさいと勧めているわけではありませんぞ。だが、ある程度高い霊的感受性の段階に達すると、万事が正しい観点から見えてきて、物事の本当の価値が判ってきます。すると、自分を悩ませていた事はすべて些細でとるに足りない事だと判ります。こうなると為《な》すべきことは、毎日毎日、それが起こるにつれ些細な難事を処理することだけです。それも、たえず自分を見守ってくれる英知の目

がある、曲がったところを真っ直ぐにし、調和をもたらす見つめる目がある、この思いを頭の一角に置きながらですね。

多くの人は神聖な知性が存在することを認めません。人間は一人で戦わなければならないと思い込んでいます。もちろん、あなたは「自分の」為《な》すべき戦いはしなければなりません、それは上方へ向かっての努力とそのための仕事です。でもそれだけではなく、謙虚になり次のことを認めないといけません。見えないけれど不滅の支える手が存在する、それと、創造主は慈悲であられ愛であられること。これをわきまえている人は、どんな困苦があろうとも、平和と幸福が生まれて来ます。それは信念がその人達を前へ前へと進ませて行くのです。

こう言うと、次の質問が出てきます。「人類が戦争の恐怖とその滅亡を乗り越えるために、私達はどうしたら一番いいのだろうか*」。今、恐怖が巨大な山のようになって見えます。そのために、人々は自衛のための武器を更に更に恐ろしい武器を考え出そうとしています。この恐怖の想念が、目に見える敵よりも、もっと手ごわい目に見えない敵を作り出しております。

＊（原注）このメッセージが伝えられた時は、人類は格別に核戦争の脅威にさらされていました。この事は現在もあてはまります。今日人々がより恐れる生態系の破壊、これを含めて人類を襲うどんな世界的脅威にも上記の言葉はあてはまると、私たちは信じています。これらの事に対

応できるよう、後に編集上の修正が少々なされています。

しかし、人間の霊にとり真に恐れるべきものは何一つ存在しません。人が物質的な事にのみ首を突込み、その結果の苦痛や災厄にひきずり廻されている間は、人々は苦しみ続けます。そんなことでは何も出来ないから。心は苦しみに打ちひしがれ、平静さと信念を失います。だが、もし貴方が神に目を向けて近付いて行き、心に愛を抱いて生き続ければ、何一つ貴方を犯すものなどありませんぞ。

想像力というものが人生では極めて重要な役割をしていることを心得ていねばなりません。想像力、これは求めて更に磨いて行くべき才能です。だが、同時に想像力は、ネガティブなものは不必要な災厄を招きます。想像力は建設的で前向きなら、人の友となり援助者となり得ます。否定的な想像力は人間の敵です。といって、私共はみなさんに苦しみへ目を向けるのを止めさせようとしているのではありません。だが、次のように申しておきたい、人間の体は驚くほど素晴らしく作られていて、また、愛の力は偉大なるが故に、最悪の痛みさえ消し去る恵みがその中に存在しているということ。更にもう一つ、愛は奇跡を成し遂げることの出来るものなり、現に成せりと。神は公正であり、慈悲深くあられます。だから、あなたが苦しみの意味を探ってみれば、援助と救いをもたらす神の慈悲と愛がお判りになりましょう。

聖ヨハネは外典福音書の中でこう書いています、イエスは十字架にかけられて体は苦悶して見えたが、その間にイエスが自分のところに来たと。けれども、イエス＝キリストは、そのとき苦悶を感じていませんでした。彼は自分の体の中にいなかったのです。彼の霊は弟子達と共にありました。かって、イエスは弟子にこう言わなかったでしょうか。**「俗世の支配者がくる。だが、彼はわたしをどうすることもできない」**と。（注、ヨハネ伝14章30節）

霊が肉体から上に浮き上がると、魂は苦しみを感じません。痛みの無痛化を目的に、貴方はこれをやってはなりませんぞ。苦しむとき人は誰でも皆、あなたの愛と世話の手を必要とするのですから。けれども、イエスが実際にやってみせたように、人の霊は苦しみの上に浮き上がることができること、これをみなさんに指摘しておきます。

さてここで、人類滅亡の恐怖の問題に戻ります。その原因が核戦争であれ生態系破壊であれですね。ここでもう一度、愛と守護の力が存在することをしっかり思い出して下さい。人類にはある神の計画が存在しています、人類はこれから外れることはあり得ません。ですから、神の子たる者はその力を信頼せねばならないのです。母なる神はその子供のことはすべて御存知で、苦しみには解毒剤を適用なさることが出来ます。人間の母親だって子の苦しみには解毒剤を使うでしょう、あれと同じですよ。おぼつかない足取りの子供を導くには母は英知を使いますね、あれと同じです。

人類史の曙のとき、人は天使と内在の光に導かれて母なる要素を崇拝することを教えられました。つまり偉大な母なる神が、崇拝されたのです。しかし、時代は変わり、母なる神への崇拝は忘れ去られました。

今や時代は再び変わりつつあります。そして、来るべき日々には、人類は、聖なる母なる神である、神の母親的側面をより一層認め、崇拝するようになります。そしてその賜物と影響力をしっかり肝に銘じて理解するようになります。こうして女性が行う世の人への指導と貢献が、以前よりずっと大きく理解されるようになるでしょうし、こういう事を通じて生命の真のバランスが回復されます。このような完全な共同、真の霊の兄弟愛/姉妹愛が生まれてきつつあります。けれども、これは個人から始まらなければなりません。一人一人の男と女が霊的な意識を広げていくにつれて、社会全体も調和してゆくものです。

霊的な目覚めの到来とともに、物理的な敵でなくて、無知という名の敵の攻撃に対し、強力な防御をしないといけません。無知は恐怖を生みますからね。そして恐怖からの解放はこうして出来ます、それはキリスト霊、即ち父であり母であり神の子である、大いなる太陽の光にあなた方が心を一つに集中すれば実現できます。男も女も、この霊的な光と生命に向かって意識を開く方法を学びなさい、それにつれて全ての恐怖は去り、愛と相互信頼が増すでしょう。

聖母神、その完璧な人の姿を心に描きなさい。どうか、天と地の母である美しい母の姿がそこにあると目に描いて下さい。地上の人が、生命の源泉である美しい母神の信仰をとり戻す時、幸福が戻って来ます。かのキリスト、あなたのハートから光輝き出てあなたに全ての神秘を解き明かすあのキリストは、大いなる母の子供であり、愛から生まれたのですからね。

第5章　想起

人にもし想起する力がなければ、人生はどうなるだろうか、そんなこと考えたことありますか。この想起の力を失えば、貴方は創造主が貴方に与えてくれた最高の贈り物の一つを奪われた感じにならないだろうか。

人によっては、もう二度と思い起こしたくない悲しい記憶をお持ちの方もおいででしょう。でもね、その想起には至福の甘美が宿っているのですよ、その思い出が悲しいものでありましてもね。なぜなら、喜びと悲しみは不可分の双生児ですからね。悲しみの極みの時にも、人の魂はその代償が見出せるものなのです、それは喜悦としか言いようのない代償ですよ。悲しみの中には人を高める美の要素があるのです、必ず。喜びには悲しみの要素があるのです。それゆえに、人の想起には二つの面がどちらも巻き戻される、それで魂には美と慰めがもたらされる、この事がよく納得できます。

皆さまを、無限にして永遠なる霊の庭と私共が呼んでいる、かの特別の想起の国へとご案内しましょう。皆さんが瞑想や黙想の状態に入ると、想念が浮き上がってくるのがお分かりでしょう、そう、貴方が想像の中で、平和の庭、静寂の田園に入って行くことが出来ますればね。そこで、貴方は神のハートのすぐ近くに居ると感じられるでしょう。さて、遠い昔、人類の始まりの時、地球へ遠い所から人々がやって来ました、それは若い人類に幸福な生き方を教えるためでした。これら初期の人類は、最初に霊の庭で教示を受けました——そこを我々はエデンと呼びましょうか？　彼らは、物質面と霊的な面の生きるための法則を教示されました。彼らは物質界で健康で幸福に生きていく方法を学んだわけです。併せて、天界の秘儀と天使と交流する秘儀も学んだのでした。

この秘儀の一部とは、人が自然の法則に調和して生きれば、毎日の生活で力と援助が受け取れるということを、しっかり認識することでした。人々は教えられたのです、神聖な霊である天なる父と、生命に形を与えてくれる母を敬うようにと。この母は古代の素朴な人達に最も深く崇敬されました。彼等はこの母の中に誕生と永遠の生命の象徴を見ていたのです。生命は、聖なる母から生まれました、聖なるスピリットである天なる父に用いられ、命の形が母から与えられることによって。人間生命形式だけでなく、地球上のすべての生命形式が、聖なる母によって創造され誕生させられたのです。ですから、古代人は父なる神と同様に母なる神を崇拝したのです。

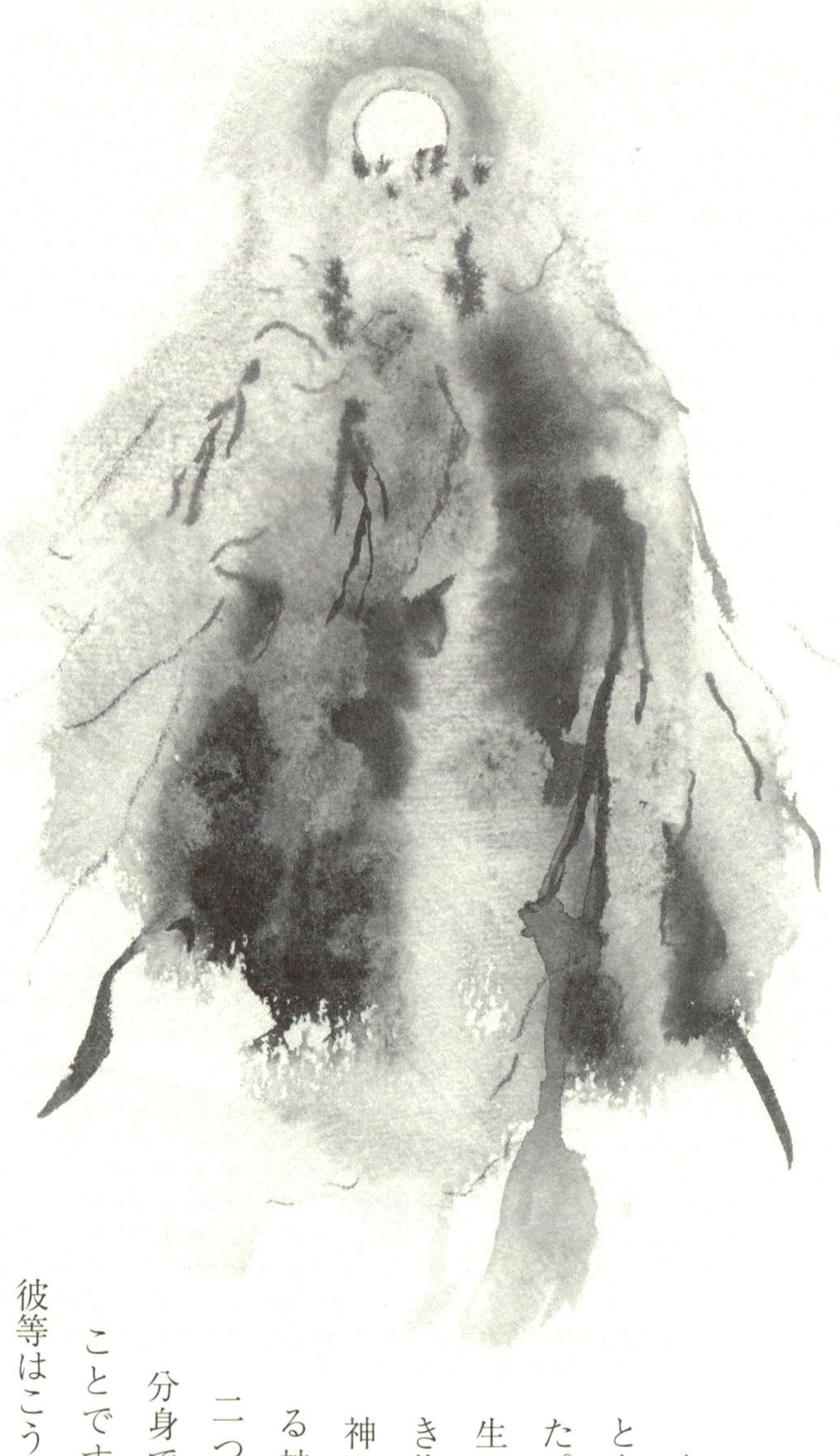

もっと他のことも教わりました。物質界に誕生した全ての生き物は、父なる神の部分と母なる神の部分の、二つのものの一分身であるということです。ですから彼等はこう知っていました、すべての命を敬わねばならない、すべてが大きな一つの家族に結ばれている。従って万物は神の無限の輪の中に存在している、このように理解していました。

初めに言《ことば》があったと、皆さん聞いておいでですね。言は波動であったと、それはどこまでも広がり行く輪となり鳴り響く強力な音であったと。だから、私共は次のように申しておきましょう、貴方の生命はあなた方すべてを抱く光の輪の中に存在しているのですよと。皆さんはすべてこの言《ことば》の内部に、つまり光と力と保護の中にあって生きているのですよと。すべての生命は一つなのです。すべてのものが兄弟であり、姉妹です。

この単純な真理が、人類初期の宗教となっています。つまり人はみな同胞《きょうだい》、人の霊はみなつながっているという宗教です。すべて自然界の、霊的生命の基礎はこの同胞愛です。これが宇宙の法則です。同胞愛の意味を教えたり実践するために、初期の頃から世界のあらゆる所に集団とか同胞団が作られ、存在を続けてきました。霊の世界にもそれがあります。霊界の人々は敬虔にそこの聖堂や集会所に集まります。そこで広大な同胞団のメンバーとして礼拝を行い、また奉仕を致します。

上記のことは、最初に述べた想起という言葉からはかけ離れて思えるかもしれません。しかし、自分の人生を振り返ってみると、きっと驚きと感謝の念で思い返されますよ。そう、貴方は個人として他の方々からの奉仕と犠牲と愛のおかげで、それも自分が生まれる前にいた人達からのおかげもあって、生きているんだと思えましてね。ですから、私共も皆さんも、偉大な同胞団から、即ち神と人類に奉仕するために生きてきた全ての聖者そして賢人達から私共が受けとった奉仕について想起してみようじゃありませんか。これら聖者らの人生がなかったら、現在の地上のこのような生活は存在しないでしょう。皆さんがここに在るのも、今日、日々の生活で享受するすべてのものは、過去に居られた方々の奉仕のおかげなのです。彼らは、まず神に奉仕し、次に自分の故郷に奉仕し、そして、友人と仲間に奉仕するために生きてきました。これが真理ですぞ。皆さん、男も女も一人一人がこの事を理解するのはとても大事なことです。誰も一人きりで生きることは出来ませんね。誰も身のまわりの人のおかげ、同胞のおかげで生きておりますよね。それだから、私共は愛と感謝をもって想起します、人類への奉仕のために生涯を捧げて下さったすべての方々のことを。

*

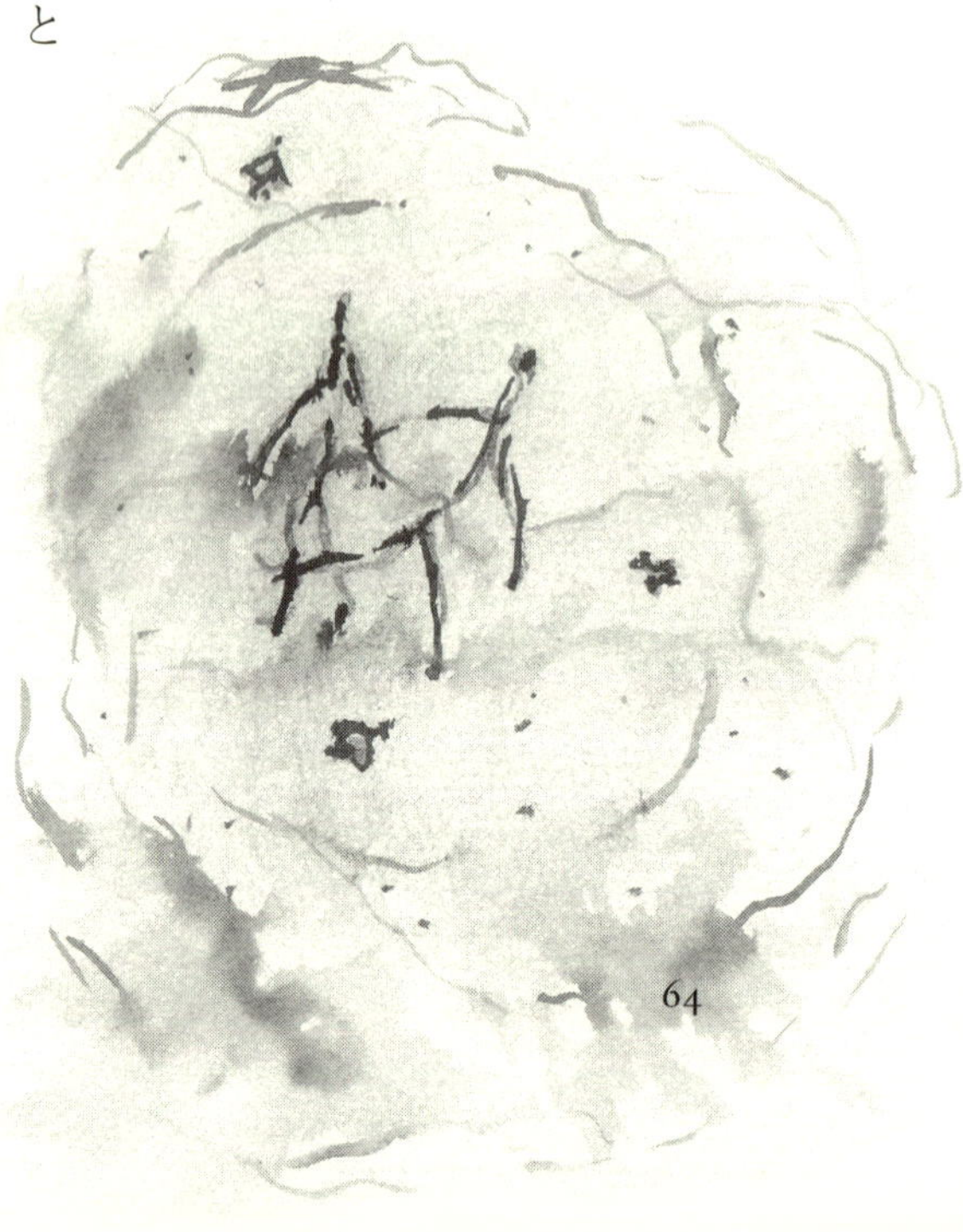

肉体は単に魂の着物であり、外被だとお考え下さい。人が（神であり、霊である）真理の核心に至れば、永遠の生命のみが意識されます。自分は愛する人愛した人から寸時も離れていないと実感します。この宇宙意識の状態下で、人は愛するすべての人と共に結ばれています。愛に分離はございません。この話をお聞きの皆さんが、もし愛する仲間が他界されたり、もしかあなたが肉体を失ったような場合には、想念力を使い心の中で創造をするようにとアドバイスしておきます。さればあなたは愛する人に「会う」のです。その人を思い、霊同士としてその人に話しかけなさい。これが理解できるには少し時間はかかりますが、あきらめずに静かな時間をもち、霊の世界は常にそこにあると、常にその姿は現前していると考え続けるこ

とです。やがてはその意識生活の中で生きるようになりますよ。もういつも肉体に縛られて単調で制約があって苦もある、そういうのばかりでなしに、霊が自由に空を飛ぶあのヒバリのように生きる、そういう暮らしになりますよ。

人はそれぞれに自分なりの恐怖をもっています。また、こまごました悩みを抱えています。この世に全く何の問題もないという人は一人もいません。それは他人の目からは些細な問題に見えるかもしれませんが。でも本人には大問題なのです。さて、ここで恐怖と孤独の問題、及び日常生活で時には深刻な影響を及ぼす問題について、皆さんにじっくりと考えて貰いたいのです。ちょっとここでご理解を頂いておきたいのは、私たち「大白色光同胞団」に属する者達は、霊の世界にそれも天上的世界に住んでおりまして、皆さん方一人一人の難儀な問題はよく判っているということです。私共は皆さんを愛しており、助けたいと思っております。前生では、あなた方の多くの人達が私達の仲間でした。また、あなた方と私共の間にはつながりの縁を感じています。皆さんは現世のこの人生だけをお考えです。多くの人は人生70年でこの世は終わりと考えるでしょう。ああ、さにあらず、終わるどころではない——今始まったばかりですぞ！人生はわずか70年ではない、それは永遠、そして絶えず発展し続けているのです。

あなたのために、そしてどんな人にも、英知であり愛であられる父なる母なる神は素敵な準備をなさっておいでです。その準備とは、この地上の辛い仕事から離れ、物質の段階を経て、天の階段へと入って行く時期がこの人生にはあるということです。そこで、かの美と調和の世界で、あなた方は英気を回復しそして力が強化されるのです。地上にいる皆さんには、世の普通の人々が天国と呼んでいるところ、そこで皆さんを待ち受けている美をとても想像はできないでしょうね。皆さんだって素敵な休暇をすごした後のあの感じ、分かるでしょう。（そういう世界が待っているのです。そしてそこで）――エネルギーと力が一杯に満ち溢れ、あなたは再び、興味ある仕事を続ける準備が出来て、皆さんの仕事に戻って行きます。ここがポイントですぞ。自分の興味ある仕事、これです。

自分の仕事が全く面白くない、くたびれさせ、退屈させるものだと思う人もいますが、自分の一生の仕事を面白くできるのはみなさんだけですぞ。もしあなたが生命がもたらす天の恵みを求め続けていけば、そうなるのです。自分が選んだ任務が何であろうと、神がみなさんの前に置かれた仕事が何であろうと、私たちは次のように言います。――感謝をもってそれを受け入れなさい。ベストを尽くしなさい。そうすれば、残りは神がなさいます。それは、みなさんが置かれた状況が何であれ、その状況を最大限に生かすことです。人生を最大限に活用し、人生それ自体に感謝し、ゴールにピタリと目をすえなさい。これすべて良し。

さて、あなた方はどなたも、人生の途上でいつかは運命の試練に会い、おののく時がありま す。恐怖は人間最大の敵です。みなさんは試練を恐れます。多分、人生の切開手術、大変化を恐れるのです。未知の世界に入って行くのが分かるので、変化を恐れるのです。多くの人が死を恐れます。死の意味を知らないからですね。霊である私たちは何度も死を通り抜けてきました。――皆さんもそうなのですよ。でも、みなさんの記憶は遮断されています。みなさんが谷間に入ってるからです。もしみなさんが高処《たかみ》に登れば、目がはっきりと見えてきて、死は存在せず、ただ状況の変化があるだけ、生命の異なった段階に入るだけだということが分かってきます。死は恐れるべきものではありません。あなたは死なないのですから。

自分の人生を振り返ってみれば、一番恐れていたことは決して起こらなかったと判るでしょう。みなさんは、避けがたい厳しい試練に直面しました、でもその時になると、何かとても神聖な力があって、その力により、みなさんは恐れていた経験から全く無傷ですみました。

上記の事をよく考えて下さいよ。そうすればグレート・スピリット（大神霊）との結び付きがピッタリとうまくいきますからね。つまり、あなたに神を愛する者は何事もうまくいくと教える、あなたをすっかり包んでいる愛との一体化がピタリといきますからね。よろしいか、子供は親を信頼しなければなりません、親はその信頼に応えねばなりません。人は経験を積んで、神である両親を信じることを学びます。なぜなら繰り返し繰り返し、人は神が英知であること、神は愛であることが身に染みて証明され判らせられるからです。また、この世で人に起きることは我が身にも起きます、神法は愛ですからね、これも繰り返し繰り返し判らせられます。もし人が愛の法を破れば、人は不幸となり、気が狂わんばかりです、恐怖を感じます。その人は窮地から抜け出そうとただただもがき戦います。この世に愛の法があることも知らずに、これに従いこの法を生活に適用すれば、万事が解決することも知らずにですね。この世には問題などというものは存在しないのです、神がおいでになるだけです。多くの人々は変化を恐れます。変化が起きると、我が身がどうなるかと戸惑います。だがそうせずに、下記のように思うことだって出来るのです、「神は英知であられる、変化はすべて私のために良かれと起きるのであるから、神の御手に私の手を置きます」と。すべての人にこの事が判る時、この世は神の王国のようになりましょう。

わが兄弟である皆さんに次のようなこと

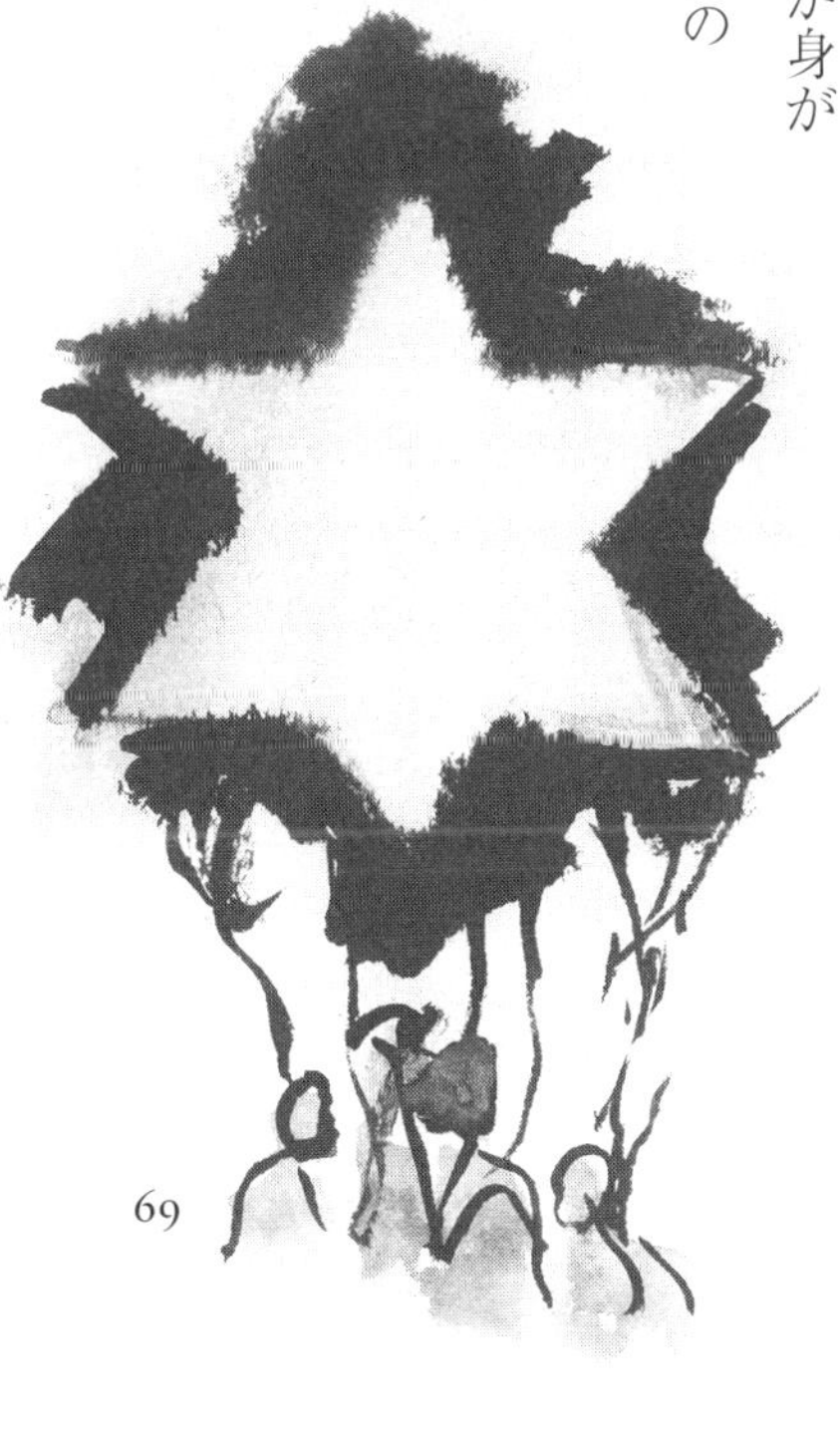

をお勧めします。心に焦点をおいて六つの稜《りょう》の星（訳者注、✡）のイメージを持つように。これぞ霊の象徴、キリストの神霊の象徴なのです。しっかり心してこの星にイメージをすえれば、人は上方へと引き上げられて行きます、そうして地上の物事を高処から見る人になりますぞ。人が谷間から物を見ている限り、自分をとりまく美しさに、決してハッキリした視力は持てないのです。だが、この六つの稜の星によって高処へと高められていけば、人生のさまざまな状況も問題も全く違って見えてきます。人類全てがこの星に導かれねばなりません。この星が道を迷わせ、誤った方向へ導くなど金輪際ありえないことです。

心して常に胸にとめておきなさい、己れの問題はすべて神法を適用しなさい。これさえすれば、あなたは道を踏み違えることはありません。

また、こう申しておこう、年寄りも若者も背筋を伸ばし頭を高く持して、前進。まっ直ぐかの光の世界へ、その地こそ貴方を待ち受けている美しいふる里。その地でしばらく貴方は休息しリフレッシュされて再び前進。左様、奉仕のため、愛するため、愛されるために。

第6章　美しい命を創造する

人は神の分身であり、神は創造主です。神が地上の子供に与えられた貴重なプレゼントは創造力なのです。人が美と調和を創造するのに、物質的な富は不要です。美と調和は本人の心の内部から生まれて来るものです。素朴であればそこに美があり、人間自身が調和していれば、その身辺に初めて調和が存在します。

さて、上記はまさに霊の世界で生起している事実です。人の魂から出る放射物で、霊の世界は、生前の地上の環境に似ていながらも、更に美しく更に良い環境が個々の魂の環境として創造されています。ここで一番大切なポイントは、人間は内在のキリスト神性を開現《かいげん》せんがために、肉体を身に着けて地上に降りたということです。キリストはこう言ったでしょう、弟子達に向かい「私がすることは、あなた方にも出来るのじゃないの」と。キリストが地上に降りて来たのは、人々に真理と生命に至る真実の道を示してみせるためでした。（訳者注、このキリストの歩いた姿を見る時）、神は何と素敵な賜物を子等にお与えになっていることでしょう、その創造力、拡大し、成長する内在の力、そして同胞を助ける力。だがもし、人がこの力を同胞への奉仕のために使わなければ、それは人生の無駄使いですね。その力こそが生命力、そして癒す力ですからね。

真実の美は浄らかな想念から、愛の心から、慈愛深い想いから創造されるものです。されば、貴方は今この瞬間にも、この肉体を去って貴方があちらの世界に入って使うエーテル体と、あなたの魂が生きる世界を創っているのですよ。また、貴方が現在生きている世界も創造しつつあるのですぞ。「想像力」という話になると、訳が分からず途方に暮れる人がいます。特に天界の事柄とか霊の世界のことを考える場合ですね。たとえば瞑想中に見えるもの、美しいものを熟考してる時に見えたもの、これは実在するものか、それとも単に想像の産物かと。それはね、人が強く思念をすると、何なりと魂の物質でその人は創造し始めているんですぞ。皆さんが心の中で思ったり想像をめぐらせば、あなたは魂の世界で実際の形を創造しているわけです。想像は魂の世界に入って行くドアーであり、そして鍵なのです。貴方がそこにあると想像するものは、現実にそこにあり、朽ちることはありません。そういうわけで、貴方がたは思念で、想像力で、魂の世界に実際の形を作り出す力を持っていること、分かりますよね。されば、形が物質の世界にも具体的に形をとって現れること、これも判りましょうな。

本当の幸福は魂から、そして霊から始まるのです。従って人は幸福を得るためには、上方に目を向けて手を伸ばし、天国を熱望しなければなりません。

それにも拘らず、大多数の人々は霊的世界に目をつぶり耳をふさいで生活しているので、自分の高我から切断されています。この高我、これが本当の自己、神の中に在って神の中で生きているものです。

もし、貴方が自分の全自我を見ることが出来たら、驚きで圧倒されてしまいましょう。鏡で自分を見たら、そこに一定の特徴をもった肉体が見えます。人はその肉体を自分と考えます。でも、魂の目で、または天上体（訳者注、人間に具わる高位の媒体）の目で見ることが出来たら、自分は肉体だけではなく、偉大な光と輝きをもつ星のように見える体で構成されていることが判ります。この光り輝く星を基盤に、小さな暗い三角形、つまり貴方の肉体・物質の体が見えております。即ち物質肉体の上方と周りにこの輝く光が見えているのです。そこで皆さんは質問するでしょう「これはすべての男と女にあてはまることですか、残酷で悪い人にも」と。そうです、これは万人《ばんにん》にあてはまることです、すべての神の息子と娘たちにですね。あらゆる人がその内部に同じ潜在力

を持っているのです。神から生まれたもの一人一人は、自己を取り囲む星の頂点を希求して、そこへ登り、そうして星の一部となるチャンスをすべての人が持っています。

さて、この星の中にですね――この星はエーテル体にあって、更に天界へまで達している形なのですよ――この星の中に様々な意識と理解の程度つまり段階があります。すべての生命の段階がこの星の中では人間（心、魂、肉体）に焦点を当てて、一点に集約されているんです。されば、人の内部には霊的な生命と英知と認識の領域にまで手が届く力が存在しているということ。肉体生命に隣接して、その内部には、エーテル的な世界即ち魂の世界があるということですね。この魂の世界は人間の想念と渇望と希求で形成されています。だからそこでは人々の最高の思想と願いが見え見えになっております。あの世は、そこの住人には実体があり固く感じられると皆さんお聞きでしょう。その通りですよ。皆さんの物理的世界よりも実体があるんです。なぜって、物質よりももっと不滅に近い素材でできていて、だからずっと壊れにくいんです。このエーテル的世界が魂の世界であり、そこに皆さんは肉体を離れてから行きます。私共も皆その世界から来ているわけです。あなた方はこの肉体にありながら、その世界から魂の素材（それは皆さんのスピリットをくるんでいるもの、また物質体の中に形を顕すもの）、この素材を引き出すことができるんです。ここで私共が言おうとしていることは次の事です。あなた方が熱望すれば、貴方が実体のある霊の生活を実感しながら生きたいと希求するなら、そのように貴方は自分の物質生活を再創造できますよ、ということです。なぜなら貴方のハートの中には、神の創造力があるのです。自分のいのちを再創造し完璧なものとする力が、また貴方をとりまく世界を再創造する力が、あるのですよ。

至福の喜びの状況になった魂も、それで完璧ではなく、まだ粗削りの切石なのです。なお物質世界の経験を重ねトレーニングの必要があります。時が来ると、その魂は自分の内部で、もっと神の奉仕活動をしないといけないと感じるようになります。こうして、この魂はもう一度地上に何かの仕事を遂行するために戻って来ます。この仕事が何かは上方からその魂には示されているわけです。この魂は自分の助けの手を、奉仕を必要とする何か大きなものを感じています、それで進んで戻って来るのです。こういうキラキラした奉仕への理想の夢が目覚めた時にのみ、魂は戻って来ます。強制されて戻って来るのではありません。このカンバックの願いはその魂の最深奥の体にまで届いているに違いありません。これが、神の法が働くやり方です。——ゆっくりと、粛々《しゅくしゅく》とですね。神は強制はなされず、導き、そして息を吹き込まれ（激励され）ます。それは花が球根から成長する具合いにですね。そのように人も成長し、進化します。こうして遂には最後のゴールに、至高の段階へと達します。かようにして神殿の鐘が鳴り響きましょうぞ、「この者はキリスト人である」となさん誰もの未来です。これが、「あなたの」未来、ここにいるみなさん誰もの未来です。

時代をふり返って見てごらんなさい。キリスト的な人達が繰り返し何度も出現しているでしょう。すると皆さんはこう尋ねる、「では一般大衆はどうなのですか――彼らもキリスト人になれますか」と。はい、なりますよ、なぜなら一人一人の内部にキリストの種原子が存在しているからです。

星キラメク美しい夜空を、無数の星々を見てごらんなさい。星の一つ一つがキリストになっています。そう、キリスト人、創造者、教師、救世主になって生命の進化、創造、生命を動かすことをしています。人間の頭脳には、とても物質肉体の限界を越えたものは何一つ理解できません。だから次の事を知るだけで満足して下さいね、即ち、すべての生命は神法により支配されていること、あなた方はすべて見守られており愛されていること、そして死は存在しない

こと。左様、魂はその外被よりも生き残り生き続けて、より大きな機会と喜びの中に入って行きます。そうしてスピリット（霊）に分離はありません。皆さんは愛から離れることはあり得ないのです。

第7章　内なる声を聞く

真理を発見するためには、自分の魂でそれを経験しなければなりません。あなた方は何百冊も本を読んだり、あらゆる時代の宗教を研究したりしますね。で、そこに一つの共通項があることが分かりましょう。それは愛ですね。——愛とは別の言葉で言うと、光、魂の光明です。この魂の光明の実体験をするには、低位の心の雑音を閉め出し、謙虚に素直になりきらないといけません。これをもっとハッキリ判るように説明してみますかな。では、貴方は神の礼拝のために聖堂に来たと想像してみて下さい。さて、神はあなたの「内部」にあり、また「外」においでです。神は自然界とあなたの仲間達の双方

を通じて語っておられます、また貴方の内奥の霊においても貴方に語りかけておいでです。貴方が経験すること、貴方の生活で起きることのすべてを通じて、神は貴方に語りかけておいでなのです。神は貴方の師なのですぞ。されば、神は貴方のハートの中におられると思って下さい。神は事実「ここ」においでです。貴方のハートの内部においでです。言葉を換えれば、貴方のより高位の側面が神なのですよ。

もちろん全ての生命は神より生まれます。闇と光は、神にとっては両方とも似たものです。万物は神からでたものですからね。そこでみなさんに是非とも理解して頂きたいのは、あなたは神の分身であるということ、神は貴方に語りかけているということです。ですから、貴方が礼拝の聖堂に入れば、それが想像の中の小さな聖所であってもですね、貴方は光の祭壇にひざまずいているのですぞ、沈黙の中で神の語りかけるのを待つことができるのですぞ。

神はどのように貴方に話しかけられましょうかな？　貴方に生まれてくる「感じ」、その崇敬な感情の中、その中にあり。貴方は祭壇にひざまずけば、神を拝み、感謝しますよね。……生きていること、友等があること、幸せだったこと、日光と雨と、花や鳥や動物たちにも、生活を便利に幸せにしてくれてる全ての素適な発明品にも。おお、神が与えて下さっている何と多くの賜もの！　貴方をとり囲む仲間たち生き物たち、そして神の通路となって人生の恩恵を与えてくれている人々、惜しみないそれらへの感謝を。もし、過去を振り返ってみれば、貴方には感謝をしなくちゃいけない沢山の人々がいるでしょう。だから、貴方が神の祭壇にひざまずけば、貴方は神の祝福を放射しつつあるのですよ——神の祝福、それは感謝なのです。心からの感謝、これは生活に祝福をもたらしますぞ、神にも祝福の光を放射するのですぞ。

私共の話を聞いてこれは真理だと確信するには、人は自らに問いかけねばなりません。貴方はこれは真理だと直覚的に感じていますかな？　左様、貴方の霊はそのよう認識しています。貴方でも、貴方の世俗的な知性が貴方の霊に異議を唱えます、知性は物質生活の活動に頭をほとんど突っ込んでおりましてね。知性は真理の殺人者ともなる、これは賢人達がみな語るところです。知性が批判的なやり方で分析を始めると、真理を粉砕してしまい、知性それだけで真理が回復されることは決してありません。知性は粉砕しますが、真理を知る内在の霊は決して嘘を吐かず、貴方を誤った方向に導くことはありません——決して。

従って、導きが必要な時はいつでも、自我の想念は一切横へ置くこと、即ち、あれこれ、とやこう、と考える思いを横へ置くことです。ハートに直《じか》に射《さ》し入《い》る神の純な光の妨害を、貴方の欲求欲望にやらせないことです。貴方のハートが真理だと伝えるものは、確かに本当です。真理に達するには、人は謙虚にならねばならない、自己自身に素直そのものでなければならない。偉大な人とは心が純真な人です。主はこう言っておられます、「私は、飾りのないやり方で、つつましいやり方でやって来る」と。

さて、皆さん、人生は法によって支配されているのです、だから貴方がする事はすべて結果を生みます。貴方が考えれば、自分の中に貴方はやがて芽を出す種を植えたのです。それが善い想念でなければ、それが貴方を駄目にします。それが善い想念、希望に満ちた思い、神想念ならば、それは翼を拡げ貴方に喜びをもたらします。霊界に居る友等はすごく幸せなのですよ、彼等は心が平和で一杯で、だから暗い出来事などみじんもないのです。すると皆さんはこう言いましょうな、「暗い事に乱されないのは正しいことなのか」と。そこで私はこうお答えします、「そうですよ、皆さん、貴方が心の中に平和を保ち、しっかりと内に光

を燃え輝かせれば、それにより貴方は同胞と世界に素敵な善をプレゼントしつつあるのですよ。それはね、カッカッして不快な問題を人々と討議するよりもずっとずっと良いことです」。

しっかり聞いて下さいね、大地に足を踏みしめてね。皆さん、時には自分でどうにもならない手こずる問題で、不愉快になってふさぎ込んでしまう場面に出食わすかもしれませんね。そんな時、嫌ですよね、頭がその事でカッカッしましてね。さーてそこで、わがホワイト・イーグルが申すことをしっかり一生耳の穴にしまって置けますかな。「平静でありなさい、限りなく平静に、内心の静寂を守りなさい。そして求めよ、そのとき、神、左様守護天使が貴方を援助してくれます」。きっと、あなたはそのとき自分が何か自分ではないものから助けられている、そうは思わないでしょう。だが、その方は働いておられるのですぞ。だから、内心の平静をもちなさい。限りなく静かであれ、されば神の御力がなされるがままに、助けて貰いなさい。

＊（原注）上記の幾つかの部分は、「序文」で触れておいたように若者へ向けてのホワイト・イーグルの話です。

さて、話を続けましょうか。わが兄弟であり姉妹である皆さん、お聞き下さい。皆さんの中には、病気になったり、やがて老齢になったりの問題に直面する人がいます。また、挫折に直面したり、ひどく辛い仕事を耐えたり、失望落胆を経験する、ということがあります。皆たい

ていの人は自分は重荷を背負っていると感じています。で、人は自分のその重荷が消えれば、それでいいと思う、だがそういうものでしょうかな？　いや、そうじゃありませんぞ。物事はすべてその価値をもっているものです、その向こう側にあるものを見ないといけません。この重荷で自分は何が教えて貰えるのか、それを祈りなさい。時には迷いも起こりましょうよ。「私は何をなすべきか。あれか、これか。留まろうか、あそこへ行こうか、こちらに行こうか」と。これらの疑問に対する私共の回答は次のとおり。神が貴方のすぐ目の前に置かれた仕事をしなさい。皆さんは次のように考えたことがおありかな。自分の仕事は神が自分のために置かれたのである、私の人格と霊的感性と才能を伸ばす機会を私に与えるために。また更に、自分がそれを手本のように行えば、それが他の人々の手助けとなる、このチャンスを持たせるためにも私に神はそれをお与えになったと。ここのポイントですね、――自分たち

は世の手本を示しつつある、これをどれだけの同胞たちが忘れないでいるか、私共は時としてそれを考えたりします。

皆さん方すべての前に、光の道が広がっているのです。この道はあなたを前へ上へと導き、いつの日か言語に絶する幸福と充足へと貴方を到達させます。あなたはその時、人生のまことの目的を成就なされているのですよ。人がこの目的を実現する時、平和と幸福がその人にはあるのです。ええ、分かってますよ、判っておりますよ、今のあなたには悲しみがあること、そして直面しなければならない問題があること。あなた方の気持ちわかっています。それ、私共には全く同じように分かるのです。私共はね、貴方を「通じて」感じ、貴方と「共に」感じていますからね！　しかしながらかの天界の力というものがありましてな、それがあなた方個人のすべての出来事を通じて、たえず働いています、働いておりますぞ。ゆっくりとそれは人の魂に光をもたらします、終局の幸福へと至らせます、私共はその事を常に存じております。

過去を振り返り、くよくよしないこと。それは時間の無駄です。貴方のベストを誠実に尽くしなさい。自分の置かれた環境がどうであれ、内なる声に語らせなさい。自分の言葉には気を付けなさい。「手に負えない器官」（訳者注、「舌」）をひきとめ守りなさい。舌は他人を傷つけ、大きな災いを起こすことがあるからです。だから、自分の話す言葉に気をつけなさい。常に真実を語りなさい。これ、日曜学校のお話みたいですかな？　いいえ、こうやって私共は真理に深く入って行っているのですぞ。

第8章　物質の主

真理はあなたの中にあります。その源は、外側のものごとにはありません。頭では何を考え信じていても、あなたには真理が満ち満ちている内奥の中心地があるのです。この内在の光を発揮させ、愚行や間違った価値観から離れるようにすれば、貴方は実際に真理に反応しつつあるのですよ。真理を見つけたら、生涯を通じて人生航路の各段階で導いてくれるこの真理に信を置くよう、心に刻みつけなさい。

みなさんは、ホワイト・イーグルの「倦まずたゆまず進みなさい」、この言葉もう聞き飽きましたかな。私たちを信じてください。これが唯一の道です。もしそうでないと、角《かど》をぐるぐる回って走り続け時間を無駄にし、やがては袋小路にたどりつくからです。静かに進み続けなさい。そして、自分は一つの特別な仕事が与えられているのだということを忘れないでください。なぜなら「あなた」が、その仕事ができる唯一人の人だからです。

自分の仕事をするときは、「それを気楽に」おやりなさい。最善を尽くすのです、でも楽しくそして静かにね。それを喜びの種としておやりなさい、負担としてではなしにね。「心の中に」ある緊張をほぐしなさい。幸せそうにね、愛の心に満ちてね。

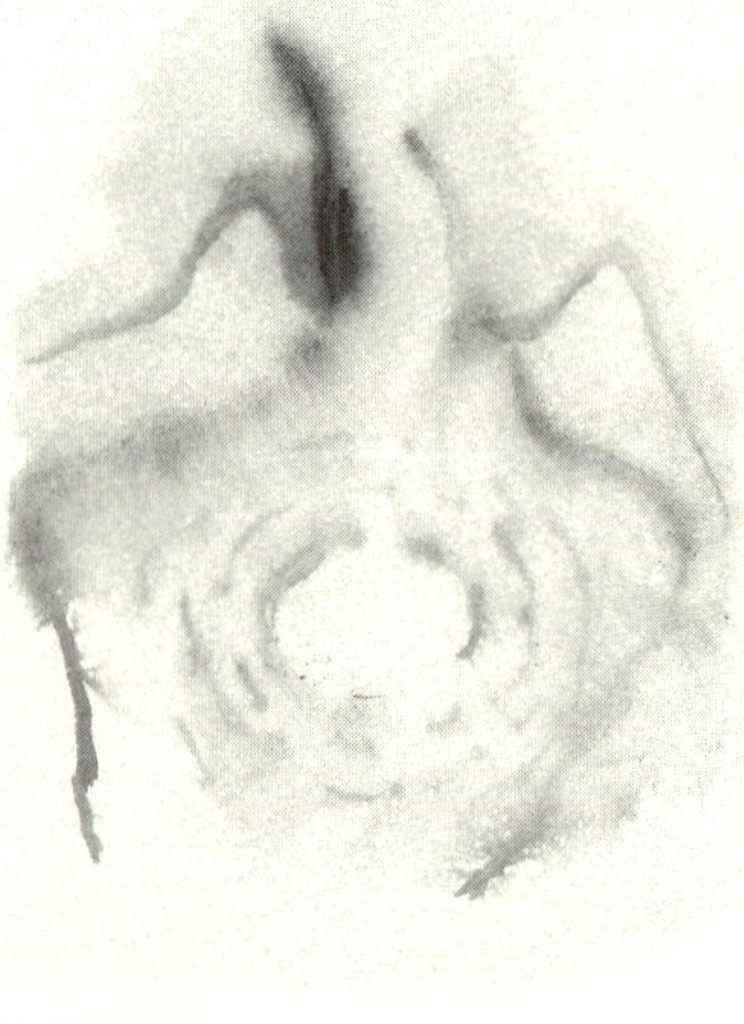

そうすれば、すべてのことがうまく行きます、善い方向に向かってね。神が変化を貴方にお望みなら、神は貴方が変化するようになさいます。特別なことや新しい事がない限り、出来ます、楽しくね。神は借りを返すご自身のやり方をお持ちです、つまり、神は自分の息子と娘を助けるご自身のやり方をお持ちです、それは物質的な恵みをもってすることさえもなさいますよ。

私共は皆さんが次のことを理解するようになって行くのを希望します。霊的生命の知識を持ち、更に更に美しい世界について知っていくこと、これは自分達にとって何と素敵な恵みなんだろうと、この理解ですね。

なぜ目に見えない世界について考えたり悩んだりしなければならないのかと、多くの人が尋ねます。「天のことは、天に世話をさせてくださいよ」と彼らは言います。けれども、親愛なるみなさん、次のことが目に見えませんかな？　「万事」は自分が地上で過ごす物質生活をどのように送るか、ここにかかっているのです。なぜなら、この地上生活のあり方これのみで、霊的生命の美の質が定まってくるのです。そしてこの霊的生命の美しさがあればこそ、肉体にあるとき死を克服する力が与えられるのですからね。

瞑想でしばし魂が地上の束縛から放れたり、または宇宙意識が一瞬射し込んだりした時、人は〝死は存在しない〟と電撃のように感じます。多くの人々が、特にスピリチュアリストたち

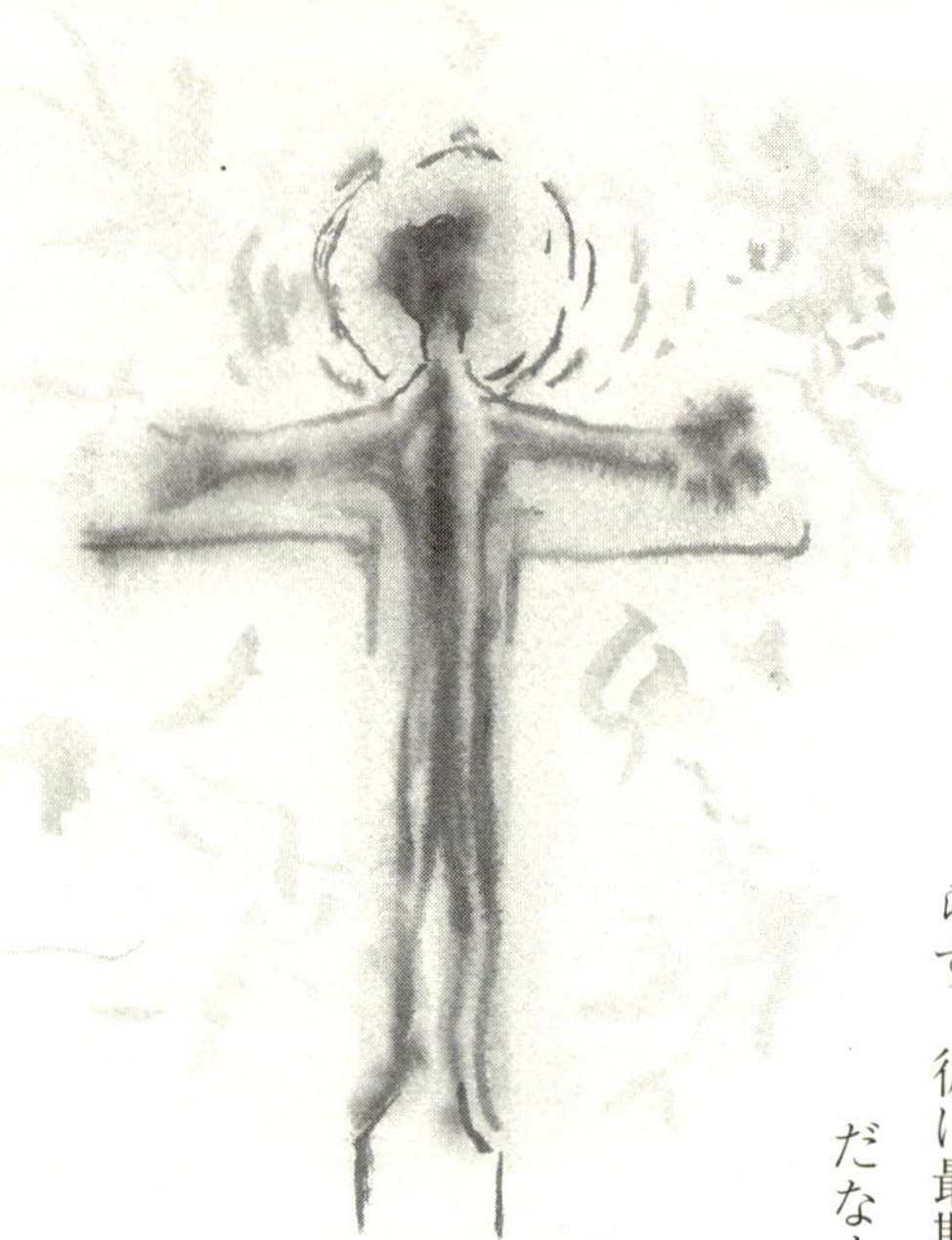

は、この〝死は存在しない〟を等しく確信しております。それはこの人達が、他界した愛する者からのメッセージや証拠を受け取ったからです。でも、そんな出来事は真理のほんのほんの一断片みたいなものです。

皆さんにイエスの言葉をもう一度思い出して貰いましょうか。「**わたしを信じる者は、わたしが行う業《わざ》を行う**」（注、ヨハネ伝14章12節）。さて、その業とは何だったでしょう。彼は奇跡的な癒しの力を持っていました。彼は死者を生き返らすことができました。彼は深遠で最も美しい真理をたとえ話で人類に伝えることが出来ました。彼は磔刑《はりつけ》から自分を救う力があったにも拘らず、彼は最期においてそうしませんでした。それは、イエスにはまだなすべき業があったからです。その業とは、磔刑《はりつけ》によってさえ、殺人によってさえ、人は殺されることはありえないことを、人類に実際に示して見せることでした。イエスはこれをやってみせました。そしてもっとそれ以上のことも。この集まりでここにいるほとんどのみなさんは、亡くなった霊からの通信を自分も受け取ったと証言するでしょう。だが皆さんはまだ、その送信者の体が起き上がるのは見ていませんね。しかし、イエスはこう言いました。**「わたしが行う業《わざ》をあなたも行う」**と。これはどういう意味でしょうか。では、次にお話ししましょう。

人は誰でも進化を遂げれば、意のままに体を離れて意識は完全に保ったままで、より高い境域へ行くことができる潜在的な力があるのです。みなさんがマスターとも呼ぶ人、またはマスターの弟子にとって、この一連の行為は普通で自然なことになります。肉体がその目的を果たし終えると、マスターは肉体を横たわらせて、もう一つの世界（訳者注、霊の世界）へ行くことができます――そこは今までに何度も訪れている世界ですが。マスターは、いつでも自由自在に霊の世界へ移動することができるのです。彼は死を知りません。彼にとって死は存在しません。けれども、イエスはこれより一歩を先んじていました、つまり一つの世界を行ったり来たりしたのです。イエスは肉体原子を霊力で、神の力で変化させてあちらとこちらの行き来が出来たのです。つまり自分の肉体そのものを高密度の肉体からエーテル化した、あるいは霊化した状態に変化させられたのです。彼の言葉を忘れましたか**「私にすがりつくのはよしなさい、私はまだ父のもとへ上ってはいないのだから」**（ヨハネ伝20章17節）。

この地球に限らず他の惑星でも、同じようなマスター段階に進化した人は、イエスのように、現実の物理原子を変化させることができます。

私たちは、余り皆さんをこのようなことに深入りさせたくはありません。地上に足をつけておいてください、兄弟たちよ。みなさんは地上で生きなければならないのだから。だがしかし、そこだけが、地上だけが人生を過ごすただ一つの生活環境だとは考えないで下さいね。

どうもね、イエスだけが神の子と考えてる人達がいるのですよ。彼らはね……、人は神に似せて創られており、神のような性質が与えられており、この点で人の魂はすべて神の息子—娘である、この事が判っていないのですね。されば、この神の子の性質が活性化され、生命をもち、開花されていくと、あなた方はやがてはマスターになるのですぞ。——先ずは自己の主（マスター）となります。つまりは自己の感情、思想、肉体をコントロールするわけですな。それから身のまわり、環境の支配ですね。換言すれば、人は誰しもが物質の主（マスター）となり、そうして生命そのものの主となるわけですよ。この実現は遠いはるかな未来のこと、だからやっても仕様のないことと、みんな多くの人がそう思うのですな。

そう簡単にくじけないで下さいよね。心にとめて下され、目に見えない程の小さな種子だって、あの美しい完璧な花を咲かせるじゃないですか。たとえば百合の花を見てごらんなさい、あの湿った土深くに根を張るあの百合ですね。あれ、暗闇の中から静かに出て来て、葉を出し、やがて蕾をもちますわな。それから、陽光をその上に輝かせ、遂に花びらが開花します。おお、何という美しさ、何という完璧さよ、その花！

皆さんを待ちうける何かがあるのですぞ、完璧な美、判るでしょう。人生いろいろ面倒なこと、煩わしい生活、それらに必ずしも縛られなくなるのです。これは事実です、それは貴方がひとたび神生命意識に入って行くことができたら、しがらみも足かせの紐もすべて消え去るのです。最愛のマスター、イエスはこの事を実践して見せるために来たのです。

私共が申していること、この素敵な道を、今現在の皆さんの進化段階でも、モノにすること手がけることが可能だろうか？　可能ですよ、今すぐに始められます。神へと続く見習いの道を志す人は、男も女も素直にスタートをしなければなりません。イエスは私達すべてにその生き方を教えましたね——「**互いに愛し合いなさい**」と（訳者注、ヨハネ伝13章34節）。左様左様、これについては皆さんの考え方をとりまとめてみましょう。「いったいどうやれば、私はあの

人この人を愛せるようになるだろう」、または「どうやれば根っからの敵意を持つ人を愛せるの？　罪を犯す恐い人をどうやったら愛せるの？」」。ですけど、心の平和、皆さんよ……平和ですよ……心の平静ですよ。何といっても貴方のハートの中には安らかさを、これですね。なぜかって、これっきりが地上に平和と善意と愛を打ち立てる一つだけの道ですからな。忍耐強くありなさい。事はおのずからやって来ます。先ず何といっても、自己の日常生活での想念のもち様《よう》を調べること。なかんずく敵意のある想念はないか、批判的な思念はないか、こういう事が貴方のハートに芽生え始めていたあの美しい百合の花を破壊するものですぞ――そう、貴方の兄弟、姉妹のハートに芽生えかけたその百合の花をね。だからその点をよく省みてみなさい。弟子となるべき人は「自己みずからのこと」から始めねばならぬのです、心に愛を抱いてね。なすべき第一の、そして最重要のことは、己が魂が不寛容でないこと――及び最悪を信じざること。これと反対の事を行えば、人はいかなる害も受けません――即ち、人さまにはベストを信じ、その最善が現れるよう鼓舞すること。

自ら、正しく高潔な道を生きることをしなさい。「**人から自分がして貰いたいことを、人にもしなさい**」（訳者注、ルカ伝6章31節）。あらゆる事の前に、貴方の創り主である神を愛しなさい。あなたが創られたことに感謝を捧げなさい。貴方の魂の中に、またあなたの友等の魂の中ですでに燃えている小さな光、これを与えて下さったことに感謝しなさい。感謝せよ、たゆまず倦まず進め。耐えよ、辛抱強くあれ、努めよ、霊の道で。目には見えない生命の実在に常にしっかり目を見開いていなさい、それは人類を牛耳っている物質的生活よりも遥かにはるかに重要なものなのですぞ、これを貫き通せ。彼方を見よ、彼方を、私の子供たちよ、あの完璧な完全な美――微細な点までも完璧な生命の様に目を見開いていなさい。**「目が見もせず、耳が聞きもしなかったことを、神は御自分を愛する者たちに準備された」**（注、第１コリント書２章９節）

死の恐怖の代りに、心にはもっと良いものを持ち続けなさい。上界へ散歩に行く力を開発しなさい。自分でそこの栄光を見なさい。私共は無意味な事を話してるのではありませんぞ。よろしいか、物質の外《ほか》に何もないと言う人は、無意味な話をしている人です。目に見えない世界について語る人、その人はそうではないのです。

次の考えを皆さんに残しておきます。目に見えない生命がある、これについての真理、人類を助けるために流れている力がある、これについての真理、これらの真理を守りぬくようベストを尽しなされ。貴方の魂の中にある光、それが人類を不実の国から真実の国へと、永遠の生命へと導いて行きますぞ。魂に内在するこの光に真実であられよ。

第9章　喜びへの道

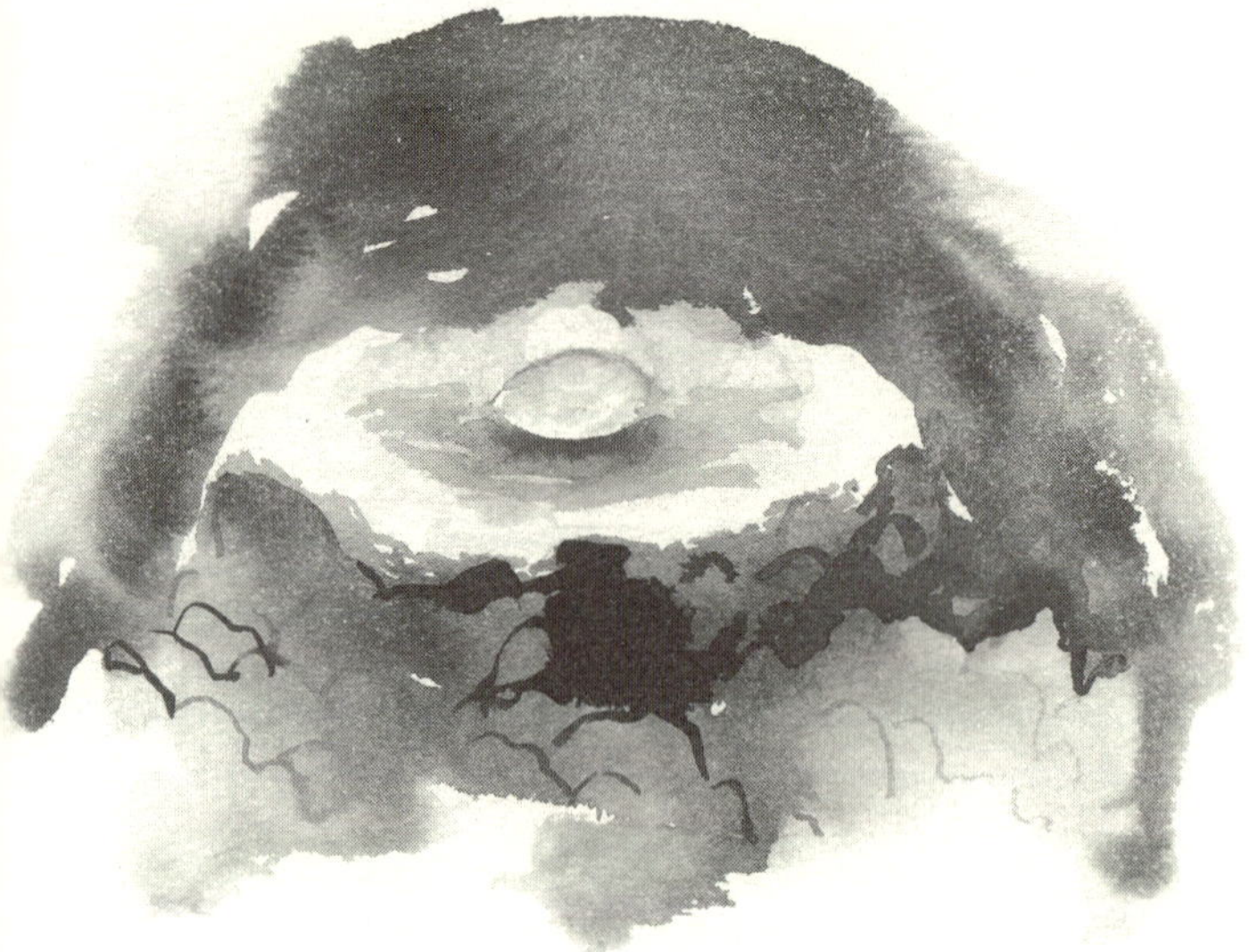

みなさんは今日、人類が知性の力を崇拝している知性の時代に生きています。知性を崇拝するるとき、あなたは体と魂を、そして、ほかならぬ地球さえも破壊できる何かを崇拝していることを理解していません。いいですか、地上の子らよ、真理は全て霊から来ますが、頭に浮かんだ全てが霊から来たとは限りません。ハート・チャクラの中に輝く真理の宝石があると人間が認め、内在の霊の導きに身を委ねるときにのみ、真理と幸福を見出します。そのとき、直観（in-tuition）、つまり内（in）からの指導（tuition）と呼ぶ、内なる導きがみごとに花を開き、みなさんが神から授かった神のような力がみなさんに現れます。

皆さん、古今を通じてきわめて優れた方々はこの真理を知っていました。この方々は内なる秘密、ハート・チャクラの蓮の中に美しく輝く宝石、かの真理の輝く宝石を発見していたのですよ。若い人達のこう言う言葉が耳に入りました、「けれども、私たちには知性があります、ホワイト・イーグルさん。この知性が理由を知りたがるんです」「なぜ、なぜ、なぜ？」って。これ、物質的知性の永遠の問い！　そうです皆さん、貴方がたは知る権利があります、そうして知りますよ――もしも、正しい方法で問い、正しい方向からその答えを求めるならば。

皆さんに限界をもたらし、貴方の足を引っ張るのは、自我への執着これです。神に向かってのみ手を伸ばさないといけないのです――自己を無にすること――己れを捨て、私達が神と呼ぶかの神秘に到達せんとのみひたすら求め続けること、これをなさいませよ。一度、自我の限界を打ち破ってしまうと、皆さんの目は開かれ、左様、真理を知るでしょう。そのときでも、自分を捨てることで何ものも失うものはなく、むしろ逆に自己を知り、神を知り、遂には満ち溢れる者となりましょう。

生命は何のために生まれたのでしょうか？　これは千古の謎です。鶏と卵、どちらが先？――これは未解決の、まだ答えのない謎ですね。私共は英知の霊的な学校で学びました、その事をお伝えしておきます。この知識が人間知で考える見解と矛盾するとしても、まあ、よしとしましょう。

私たちは申します。鶏が先でした。そして、なぜ鶏が先なのかについても話しましょう。なぜなら、聖なる知であられる神が、万物を創造の時、そのすべてを完全にお創りになったからです。花から種子が生まれるように、鶏の中の生命とその展開の結果、卵が生まれたのです。神の御心から出てきた思想、その顕現化が創造とお考え下さい。神の心に、ある思念が浮かびました。神は完全な世界を想い抱かれました。皆さんの中には、創世記に描かれている創造物語やアダムが肉体となり誕生した話を、子供じみたたとえ話と思う方がおいででしょう。だが、霊的観点からは、この古話には真理の種が存在するのです。すべて、物質的に現れていることの背後には、原型、完全な形、もともと神の心の中で考えられた完璧なものがあるのです。この事を皆さまに申しておきたい。（そして、今もお考えになっているのです）神はその御心の中で。

この物語によれば、エデンの園に一つひとつの生命形態の完全な型がありました。その完全な型から創造が始まりました。もし、創造のリズムを呼気と吸気と考えて頂ければ、おそらく次のように理解をして頂けるでしょ

う。エデンの園からの失楽園は、生命の呼気（吐気）だったのです、形すなわち未だ汚れていない物質の中への。吸気は、外形からの生命力を吸引して、その生命力を深奥部である種子の中に凝縮させること。こうして、種子が創造されると共に、もう一度形の中に吐気がありました。このように内向きの展開と外向きの展開が進められていったのです。もう一度強調をしておきますと、神の御心の中に先ず完全な型の思念があり、そこから生命形式と生命が現れました。従って、種子は初めに神が思い描かれたものの産物です。

ですから、生命は始まりも終わりもなく進んで行きます。輪は回り続けます。有限の知性がいかにして無限を把握できましょうか、永遠の生命の輪を理解できるでしょうか。事実、それは不可能です。しかし、有限の知性はたじろぎはしますが、あなたには無限の、限界をしらない精神があるのではありませんか。人間の霊的な知性はその能力と範囲が無限です。限界を越えて、あの宇宙意識に達しなさい。たとえそれが一瞬だけの至高の時だとしても、人は肉体にありながらも、この宇宙意識に到達することが可能です。そして、その瞬間に貴方は生命を完全に理解しますよ、生命とは呼吸の繰り返し、内へそして外へ、その展開の繰り返しとして見えてきます。この時、生命はその全き美しい姿を現します、終わりを知らない光の放射、これまで常にあり。この後も常に在りつづけるものとして。「だけど、人生って何のためにあるのですか?」肉体知性が疑問を出します。これに内なる霊的な心が答えます、「それは、神の美を限りなく見ていくこと、愛のもつ意味、英知と喜びの意味を限りなく開くこと」。「でも、病気や災厄や悲しみがあるじゃありませんか。永遠とか何とかいう話は、苦しみ悩み、汗と労働に明け暮れるほかない人生の人達に何の役に立つのですか、普通の一般人に何の意味があるのですか」。

皆さん、次の言葉を聞いて下さい。今あなたが辛いなと感じている事、頑張って辛抱している悩み、これらは皆あなたが内なる理解に達する道、全てが愛と喜びに変わる道、そこへと貴方を誘《いざな》うのですぞ。苦難は種子を育《はぐく》み伸ばす手段ですぞ。あなた方は神から源《みなもと》を発している種子なのです。神が皆さんを送り出す時、神の御心の中にあったのは、今の貴方の姿ではない、かつて皆さんが辿《たど》ってきたあの姿ではない。あなた方が、左様、大地から芽を出し、顔を影から陽光へと向け、左様左様、光の栄光ですっぽり包まれたその姿なのですぞ。

人生とはミステリー（神秘）です。甘美で美しいもの、あくせくと働きみじめなものではない、喜びに満ち溢れたものです。……これを実感する道は、ハートと頭を太陽の光に向けること、丁度種子がそうするように太陽の下で反応し成長することです。そうして次を知ること、不完全なものは必ずその終わりが来て、完全完璧へと絶えざる移行があること。こうして皆さんは神がその心に描かれたように、デザイン通りに――神の息子・娘に――なるのです。神が思い描かれたその姿、神、それになっていく貴方、それが貴方ですぞ。あなた方は神の種子です。だから貴方が神が創られた通りになったら、そのとき完全者あなたは、一転して神と共に働く者となるのです、新しい宇宙づくりのために。貴方はそのとき、創造の歓喜と栄光に燃えつつ働く者となるのです。

このように大きな輪は回り続けます。こうして貴方が歓喜を知り清涼を味わい、全き善に身をおくとき、貴方は人生の意味や、神の英知を疑うことはなくなります。自己の全存在をもって神を讃美し神に感謝をします。そしてこの讃仰により、さらなる神聖エネルギーを、聖パワーを放出します。

あなた方は濃厚な物質で縛られ、様々な混乱のある世界に住んでいます。しかし、ハートから真っすぐ最高の天界にまで届く黄金のはしごがあり、そのはしごを伝って、天使がみなさんのところに下がって来たり、上って行ったりします。これらあなたの先輩の同胞たちは、今あなたが繋がれている束縛からはすでに自由になっています。皆さんは彼らの守護と愛情を考え

たことがありますか。そうはいっても、天使でさえも人間のカルマに介入はできません。あなた方一人ひとりの種原子の中には過去の全カルマが書き込まれており、刻印されているのです。これら愛する先輩の同胞たち、またはマスターの方々は、既に進化途上での自己鍛錬と一段一段の進歩によって地上の煩《わずら》いと束縛からは超脱しているので、皆さん方一人一人の前にあるものを読み取る力を持っていますす。この前にあるものとは、あなたのハートの中に書き込まれているもの、されば貴方自身でそれが必ず起きるように定めているものです。あなたの自由意志はこの範囲内で働きます。換言すれば、人生に何が起きようとも、貴方がそれを創ったのですよ。とは申せ、私共はあなた方をがっくりさせ、もう私の前途に希望はないなんて思わせようとはミジンも思ってません。私共は希望溢れるメッセージを皆さんに伝えに来たのです。私共は皆さんが美と完全を確実に創造できますよというメッセージを伝えに来たのです、もし皆さんが霊の法則に従いさえすればね。愛である、皆さんの内にある霊（スピリット）が貴方を導きましょう。

あせっちゃいけませんぞ。毎日、毎日、自分で創り出したものである日常の生活を受け入れなさい。受け入れなさい、受け入れなさい、受容しなさい。そして感謝をお持ちなさい、この人生で己《おの》が内在の神の分身・霊の発芽成長を刺戟してくれる、この機会を与えられたことを。

皆さんはまだその光の美しさが実感できません。でも、時が来て外被（肉体）を脱ぐ日が来れば、やがて自分が新天地に新しい体になっていることに気が付き、この新生活の場にいる人達は皆、光の衣をまとっているのがわかります。

もし貴方がはっきり見える視力を開発したら――それは肉眼の延長などでなく、もっとハッキリ見える目だけど――あなたを訪れる仲間たちは幽体をまとっていて、その幽体が光とともに脈動しているのが見えるでしょう。これら低位の物質界を離脱した人達は、明るく輝く無数の光の粒子がその体を構成しています。でも、ここへ来たからといって、それが終着点じゃないのです。――いいえ、大違い、始まったばかりです。道のりは長いのです、皆さん、生命にはたくさんの境域があるのでね。これらすべての生命の段階はね、物質（訳者注、いろいろな次元段階の物質）で覆われていること。これ心にとめておかれよ。で、幽界でもこの物質は妨げとなるものです。人が自由になり、自在に動けるのは、自分の霊がすべての段階の物質を完全に統御するようになり、生命の原因界（訳者注、亜神界）に達した時です。そのような人は、地上生活でなり得る限り完璧になったということです。その人は「完全人」になったのです。これが人それぞれ皆のゴールなのです。

失望しないで下さいよ。地上的な思い、心中の鈍重で暗いモノに足引っ張られ落胆しないで下さい。みなさんに準備ができたとき、信頼されるようになったとき、あなたの大師がそばに近付きます。そうなれば内的世界でどのように貴方が内へと進んで行ったらいいか教えてくれます。こうして貴方は人間の光であり、世界の光である、真実の霊（スピリット）を発見いたします。

だが、この内的世界は、かすみや雲のようなものではないことをしっかり理解してください。そこに住む人々にとって、物質世界がみなさんにとってそうであるように、そこは固く実体があります。私たちにとって、この触れている机＊は、物質の手で触れる間のみ実体がありますが、物質の手でなければ手を置くことはできません。抵抗が生ずるのは、ある物質が同じ物質でできた物にぶつかったときだけです。霊の世界では、物はより精妙ですが、依然として物なのです。魂が完全になるまで、上の界へ行けば行くほど、さらにさらに精妙になってはいきますけど。完全人！　そのとき、人は物質を完全に支配します。こういう人は霊的に進化を遂げたので、ただ望むのは次のこと、己《おの》が力を愛のために使いたい、救済のために、癒しのために、即ち地上にいる人及びあらゆる濃厚な物質の中にいるすべての人達の闇に、光を点ずるために使いたい、これだけです。

＊（原注）ホワイト・イーグルは、話している時、自分の前にある読書用の机を指し示している。

だから、内なる声が導く人生を、優しく、愛に満ち、生き抜き続けなさい。あなたに出来る時はいつでも、人に援助の手を差し伸べなさい、愛を与えなさい、すべての生命を光り輝かせるこの偉大な仕事に身を捧げなさい。我々は皆さまに次の約束をいたしますぞ。貴方が誠実であり霊の世界に従順であれば、皆さまは必ずや必ずやそれはしかるべき時に、自由と平和の完全な生命の段階に到達いたしましょう、多くの多くのあなたの友柄《ともがら》と共に愛する人々と共にね。――なぜなら、よろしいか、貴方がする事は自分にだけ影響を与えているのではないのだからね。貴方の生活は池に落とされた小石のようなもので、無限にさざ波が広がって行きます。あなた方は御存知ない、言葉と想念と行為の行き着く先をね。

第10章　愛の力

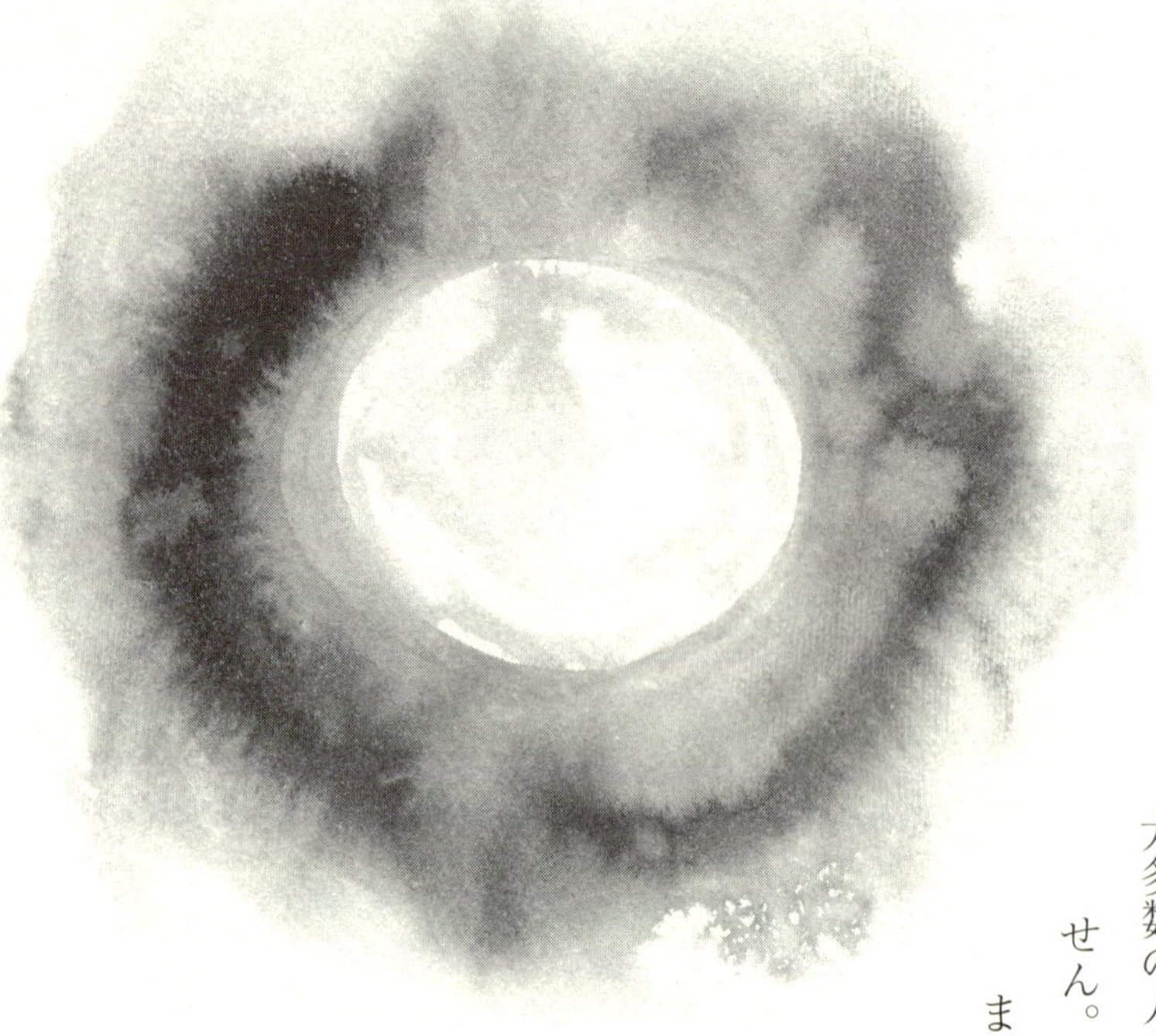

愛は最も深遠な宇宙の秘密です。それは生命の起源であり、実際、生命それ自身です。この愛の種子がすべての人の魂にあります。でも、内在の力であるこの秘密を自覚発見するには、大多数の人々は何度も何度も地上再生を繰り返さねばなりません。現在、地球は混沌として皆さんの目に映っていますね。でもね、悪は人の霊にとっての試金石なのです。これあってこそ内在の光、つまり愛である光が急成長させられるのです。この事よく肝に銘じられよ。

あなた方は、天国まあそのような所から来た赤ん坊なのですよ。そこは霊の光エキスが脈動していて、すべてが光の世界、いつかそこへ皆さんは回帰するんですけどね。ホラ、赤ん坊は自分の身のまわりのこと何も意識していないでしょう、（天国から来た）霊の赤ちゃんも自分の身のまわりのこと、つまり自分の内部に力があるなどとは思っていないのです。この点、霊の赤ちゃんは肉体の赤ん坊と同じことで、両親にすっかり依存しています。親なる神は霊の赤ん坊を愛でくるまれました、つまり光の着物を着せられました。(訳者注、この霊がまとう媒体をスピリチュアリズムでは本体・霊体・幽体と呼びます)。こうして外套を身にまとって、霊は天界の親元から旅に出されます。それは知識と知慧と愛を身に付けるための長い旅ですね。愛を知るにつれて、霊は地上の人生と天上界での生活に理解を深めてゆき、ついには広大な宇宙生命の理解に至り、自分はその分身であることの理解に到達します。あなた方が犯している最大の誤謬は、自己が神から切り離されているとの思い、自分が産まれた宇宙からは切り離されているとの考え方です。皆さんはすべて一なるものの部分です。

地球人類は常に太陽に注意を払ってきました。どの民族も太陽信仰の記録を残しています。古代人は生命の源泉は太陽であると知っていたのです。物質生命を超えたあちらの世界でも、太陽が一大普遍原理の顕現体であること、すべての生命はその原理に由来することを知っていました。根源の原理は愛なのです、愛は光です。愛があるところ光があり、輝きが満ちています。愛のないところ、そこは闇、重苦しさばかりです。光の同胞たち、それは太陽の同胞です。太陽の同胞は愛の兄弟です。光の兄弟たちは皆、全体で一人の大きな人間であるかのように一緒に活動します。一人ひとり個人がばらばらになっているときであってもそうです。ちょうど、砂粒がばらばらであっても、一緒になって砂浜を形成したり、一滴の水が海をつくることができるのと同じです。彼らは、一つの体、一つの霊として、壮大な宇宙の設計者に仕えます。

太陽民族、その王キリスト、これについての人類の理解が少し、更に真実に、より価値あるものになりつつあります。皆さんは、この古代の太陽民族のことを殆《ほとん》どご存知ない。人間の視界からは消えてしまったからですね。でも、彼ら太陽民族の同胞たちは、依然として地球の周りにいて、その影響力で霊感を与えたり、人類の波動を高めています。されば皆様が、そして全人類がこの太陽民族の王、すなわち愛のキングに目を向けるようになれば、霧を貫いて光が貫通いたしましょうぞ。皆さんはこの王と共に、この古代民族と共に働いているのですぞ。再び純潔な光が戻ってきて波動を高め、無限の美の世界を創造するためにですな。

たえず光の観点からもの事を考えなさい。すべてが光なのですからね。貴方が物質を暗いものとして考えていれば、それは闇を増殖させているのです、物質は脈動する光だと考えなさい。これが、地球人類の王であるキリストの心の中にある、そのものの真実の材質なのですからね。なお話したいこと沢山あります、光の素材や性質について、また光の素材で創られている地上を越えた諸境域のことなどをね。光なければ生命は死に絶えましょう。光が生命なのです。下へと下降して行けば、この光がまたたき、もう燃え続けることで悪戦苦闘、もし神の子らの熱い想いと祈りと善意がなければそれは死に絶えましょう。

いま地上は闇の状態にあるかもしれません。しかし、かの古代の日のそのままに、光が到来しつつあります。されば、この偉大な光の到来には先駆者が必要なのです。召集がかけられました、すでに進化の途上にあってある段階に達した男女にですね。彼らへの召集の条件は、一切の物質的欲求を横へ置くこと、ひたすら神の息子、大師に従うこと、これです。

皆さんはこう言うでしょうな、「ホワイト・イーグルさん、その話みんな以前に聞いたことあります」と。だが皆さん、それだけでは肝心なことがまだハッキリしてないのです。実は今、光の世界から援助の光がどんどん来ておりまして、それにより人々の目が開かれ、愛の力を知り、愛の力の科学的意味に気付くようになるでしょう。なぜって、愛は物質を越える力を持っていますからな。どうも人々は愛を弱さの代名詞くらいにしか考えません。これは大間違いですぞ。人間の魂の愛は物質界で最大の力なのです。人生において愛はマジックです、すべての誤りを正すことが出来るものです。皆さま方、今私が話しているこの事は、貴方の人生を変容する力の話です、全人類の生活を変えるその話なのですよ。やってみて下さい！　実演しなさい、いつかの午前中でもよい、この愛の力を貴方の家庭で、店で、オフィスで、貴方が働く場所のどこでも実演しなさい――といって、それは人々に私は貴方を愛していますと言うことじゃない、アナタそれは間違っていますよと言うことではない――そうではなくて、人々の神性を固く心に保持すること、どんな状況にあってもその中に常に善を見ること、語る言葉や行為や想念に常に美があるような努力をすること。これを半日試してみなさい。低我の要求は後回しにしなさい。あなたのインスピレーション（訳者注、まことの声、息吹き）の源泉に固く固く心を持《じ》しなさい。左様、その源泉とは頭脳でもない魂でもない、貴方の輝くスピリットです。この霊こそがすべての幸福の源泉です、つまり調和と美と光の源泉なのですぞ。

　イエスは申しました。「**互いに愛し合いなさい**」（訳者注、ヨハネ伝13章34節）。けれども、イエスを通じてキリストはこうも申しました。「**わたしは世の光である**」（訳者注、ヨハネ伝8章12節）「私は」と。イエスはこれで何を言おうとしたのでしょうか。彼、イエス個人が世の光だと言おうとしたのでしょうか。これが普通の教会での解釈ですね。だが、イエスは、全ての人間の中にある火花のことを言ったのではないでしょうか。この火花が「私」であると、みなさんは皆そのように御承知ですよね。太初《はじめ》に世界は「私」であった。「私」は世の光です。「私」は生命の光であります。「私」それは皆さんの胸の内部にある光なのです。「**私と父は一つである**」（注、ヨハネ伝10章30節）。人は、この自己の内なる「私」にどうやって触れるか、その方法を学ばなければなりません。即ち、人は絶えず人間の魂に流入する生命力を受容するようにならねばなりません。内在の神の栄光を知り、この栄光を輝かす者とならねばなりません。そうなれば、人は光と健康と喜びと幸福で満たされましょう。されば、己れのためにも、またすべての人々のためにも、新しい天と新しい地を創るものとなりましょうぞ。主はこう申された「私と父は一つである」と。――このイエスの教えが、しっかりと一人一人の胸に定着する努力を重ねる時、あなた方と私共は今到来しつつある新時代の先駆者でありましょうぞ。

だからといって、何事も人間の力だけで成るのではありません。男も女も何事か成就すると、鼻高々、うぬぼれます。神愛なしに神の力なしには何事も成りません、この事を人は常に忘却します。人は通路である、道具である、この事を決して忘れてはなりません。独《ひと》りでは人は無力です。しかしながらその内部には光があります、太陽があります、神を両親とする息子が存在します、即ちすべての光の源泉が存在します。されば、私共はそこに聖にして恵みである三位一体――父と、母と、人の内なる光である息子――この三位一体の神秘な真理を見るのです。これこそが、個々の生活を支配せねばならぬもの、神の栄光を賛えねばならぬもの、そして「新しい天と新しい地」（注、ヨハネ黙示録21章1節）を創るものでありましょうぞ。

あなた方のロッジ（集会所）には、愛の輝きが広がっているかもしれませんね。

＊（原注）ここの話はホワイト・イーグル自身の共同体、つまりロッジで語られたものです。（ロッジという言葉は彼が居たネイティブアメリカ人の文化から出た言葉です）。さて、ここでの話はどなたにとっても、自己内部の聖堂つまりスピリット（霊）のロッジにかかわる見解として、ピッたりのものじゃないかと私共は思っております。

傲慢な地上的な知性をロッジに入れ込ませないようにしなさい。そこには神の慈悲と、同胞愛の精神と、親切と謙虚な精神があるようにしっかり保ちなさい。即ち同志愛と友愛の精神を守ることです。この小さなロッジ（集会所）から神の子の力を放射させなさい。この小さな第一歩から、全世界は神の栄光と力で鳴り響くかもしれませんぞ。天が地に訪れますように！――さりとて、神聖さを装ったり、自分達は人とは違うんだと高慢になったり、そうではなしに、すべての人と友になり、人々への奉仕と神への調和に疲れを知らず、そうして神が貴方のハートに置き給うた神の子の創造力を発揮し用いることによってですね。毎日、静寂の一時《ひととき》をお持ちなさい――左様、緑の原を歩くもよし、森や田舎の小道をぶらつくもよし。もしこれが出来なければ、己が心の中の緑と陽の光が射す田園を訪れるのもよし。永遠の静寂の場を探し求めるのです。さればこの静寂の地で、貴方は生命の糧《かて》を、即ち命のパンと葡萄酒を受け取るでしょうよ。こういう交流を実際に体験した人々にとっては、死はもはや存在しなくなるでしょう。皆さんは物質界での経験が終わった時に、死は無いことを知ります。蝶がさなぎから脱皮するように、貴方がたは肉の衣を脱ぐでしょう。そのとき、自己の内の神の力を満身に意識しつつ、天界の自由の中に戻って行きましょう――これぞ、己が生得の権利。静寂の中で、貴方が己が内奥に光を当てたかの歓喜は、あなたの肉体生活に反映されていきましょう。

第11章　美しき家路（神への帰還）

ここで一つ、聖家族の再会という秘密についてお話をしましょう。それは父（神の意志と力）と母（神の愛と英知）と神の息子である子供、この聖家族の再会です。この神の息子とは、言うなれば、すべての人に道を照らす光、それは貴方の内にあって、貴方が生まれた時から導いている光です。これぞ神の意志と力、神の愛と英知をはらむ光なのです。

光はかくのごとく生まれたのであり、光とは神の息子なのです。しかし、この光は降下するにつれて覆い隠されてしまいました。重い厚い物質で包まれ、光は淡くなり暗くなってしまいます。しかしながら、光が闇を克服し始めるにつれて、神への回帰の道、神の意志と力、神の愛と英知への回帰がだんだんハッキリして来ましょう。魂は上方へと輪を描いて帰還を開始し、遂にはその根源と再会いたします。魂は、その初め赤ん坊として、自分の中にある力については何も知らず親元を離れます。この魂が闇の中で経験を積み、自分は神の子である自覚を学びとり、根源へと完全な帰還を果たします。こうして魂は父、母と一体化いたします――即ち生命の二つの根源の原理との一体化ですね――これが神の息子である光の、その聖家族との再会です。これ、生命の三位一体の完成です。

貴方がたは私共の語る言葉を読む者となられましたな。それは貴方がたが内在の光に気付き始められたからですよ。皆さんはもはや低我のとりこではありません、物質の牢獄にとらわれた者でもありませんぞ。皆さんはエジプトに捕われの身から解放される、「出エジプト」物語のイスラエル人さながらです。イス・ラ・エル人の「ラ」は光を意味します。皆さんは神の光に従って進む息子であり娘です。イスラエルの子等は隷属の館から脱出しましたという話を耳にする時、彼等はまさに進化の旅を始めようとする魂の姿ですかな——左様、何も知らずに深みへと降下した魂ですよね。彼らは先達《せんだつ》の導き、その言葉によって目覚め、捕われの身から脱出いたします。しかしながら未だ約束の地、乳と蜜の流れる国には入ってはおりません。なお荒野の中にあるわけです。

今日、多くの人がそのような荒れ野をさまよっています。さて、多くの人々が肉体を必要としない生活の可能性、つまり死の彼方の生活があり得ることに目覚めてきておりますね。また多くの人達は霊の生活のヴィジョンに触れて、霊の世界と接触したい、心霊能力を開発したい、と熱望しておりますね。しかし、霊の世界と本ものの完璧な交流をするには道があるのですよ。それはね、霊界知識を受け入れる準備が出来ている人達には、これまでも常に教えられてきた道です。と言うのはですね、魂が本当の光を見分けられるようになり、優しいキリストの光が道を照らすとき、その魂は霊的な一体化と交流が始まって道が見えてくるのです。つまりそのとき荒野にさえもバラの花が開くのですぞ。

この驚くべき花、バラについてもっとお話をしましょう。このバラを花の中の女王と呼びましょうかな——左様、すべての魂がその中に吸い込まれ夢中になる象徴の花ですな。と申すのは、これはキリストの愛、完全な愛を表す霊的なバラですからな。熱誠者はその歩む真実の途上に不毛の岩でなくバラを見ます、但しその者がホンモノの正しい進化の道を歩む先達によって導かれる場合にですね。

心が不毛の岩の姿になることもあります。でも高い心は、奉仕と瞑想で愛へ心が開かれ、この経験を積んで開発されていくものですぞ。あなた方は通路とならねば、道具とならねば、何一つ真理は理解できません。即ちキリスト・イエスを大師とするその心の通路にですね。私共が言う「キリスト・イエス」とは、神の息子のこと、即ちキリストである光、これは貴方の内部に住む光、左様、私共すべての中に存在しています。われわれの高い心は、この輝きに従い進み行きましょう。そうして神の真理を理解し、これを身に着け、言葉で表現し、これを他者に伝える筈でございます。神の真理は確かに光や愛になり伝わりもします、されどまた高次の心は神の真理を言葉に表現できるのであって、これがまた必要なことなのです。

私たちはまた出発点に戻って来ました。肉体のはりつけ――低位の心のはりつけ――このハリツケという驚くべき物語の中に、私共は世俗的なものごとからの脱却、エジプトの地からの飛翔を見ます。高次の心である光が開かれていき、宇宙的な真理の意識が内部に目覚めていくのが見えます。私達の目には見えます、進歩した男や女が再び神の根源へ回帰していく姿が。彼らは荒野の中で、荒れた感情、荒《すさ》んだ精神、物質主義、この荒野の中にあって彼らが集めた美しいバラの花を持って、帰って行く姿が見えます。一人一人がそのバラを摘み集めました。バラの花は彼の、彼女の

ハートで花咲いています。それはキリスト愛の象徴です。これぞ皆さま方多くが御存知の言葉、「あなたの十字架にバラの花が咲きますように」――その言葉の意味を示す状景です。左様、キリストの真髄、真の友愛、神の真理、これの花咲き帰り行く姿ですね。

これは魂の旅です、私の兄弟たちよ。今、あなたは荒野の中にあろうとも、約束の地に導かれましょうぞ。かの高処《たかみ》へ、神がいます高みへと我らはすべて道を上へと登ります。皆さんモーセの話をご存知ですな、山に登り、神の幻を見、人々にそれを語った。この話は皆さんのためのもの、また我々のためのものです。私共もその山に登るでしょう、その黄金の高処へと。我らはハートにキリスト生命の完璧なバラの花、そのひとかけらを胸に付けましょうぞ。どうか貴方がたがこの高処からの恵みを吸収し、歓喜して貴方の道を進まれんことを。

*

今、素敵な星がここに、皆さんの頭上にあります。それは太古からの同胞団の光り輝く星です。それは神の息子キリストの象徴です。そしてその星からの光の光線が、今あなたのハートに流れ入っています。それが貴方の前方にある栄光の未来へと皆さんの目を開かせていきます。但し、貴方はそれに向かって努力しなければなりませんぞ、貴方の同胞そしてすべての生き物に奉仕をせねばなりません。母なる地球を愛しなさい、親切にそれを取り扱いなさい。貴方の身体を大切に、左様、スピリット（あなたの霊）の宮を愛しなされ。身体を乱暴に扱ってはなりません、食べ過ぎ、不純な食物を入れてはなりません。きれいな簡素な食事をとりなさい。山と空からの水をたっぷり取りなさい。生命に向かい、すべての人々に対し、胸に平和を抱いて生活しなさい。互いに愛し合うのです。——これが全てです。こうすれば、貴方は救世主となりましょうぞ。皆さま方すべてが救世主になりましょうぞ。どんなに自分がつまらぬ人間と自分では思えても、貴方は依然として救世主に、左様、他者に幸福を与える人になり得るのですぞ。

神は無限で果てしないもの、神は全てを包んでいます。神は貴方の内部にあり、貴方のまわりにあり、貴方の上にあり、貴方の下にあります。貴方は神の中に生き、動き、身を置いています。貴方の人生の目的は何なのか、貴方がここに在る目的は何か、貴方が努力し、悲しみ、笑う、それは何のためなのか。これすべて貴方の霊と魂を完全な息子—娘に、完璧な人間に作り上げる、そのためですぞ。これが皆様方すべての前途にあるものです。もし人が内在の神の光に誠実であり、真実であり続けるならば、また私共の言葉を聞いたり読んだりする貴方が、一人一人が、己が責任に目覚めて、友等を助けて人生の目的を判らせ、彼らには闇と悪と闘争から脱け出る神光が自己の中にあることに気付かせるならば、地球は新しい黄金時代に入りましょうぞ。その時、神の息子である天界の偉大な太陽が、栄光のうちに地上に現れますぞ。そのときすべての人の涙が拭われ、人々は調和と平和と歓喜の中に、共に生きるでしょうよ。

そしてこの後に、何があるのか？　人類の努力があり、さらにはハートの中の太陽の力が開発されていけば、人類は物質物体を変化させましょう。その実例として、イエス即ちキリストの復活がありますな。イエスはこう申しましたね、「**私が行う業《わざ》をあなたも行うだろう**」と。物質物体の中にキリスト光が成長すると、すべての生命の浄化と美化があります。遂にはこの惑星、この暗い星が光輝く太陽になりますぞ――それは明日ではないが、永遠の生命の中でですが。

皆さん、これが復活の意味なのです――生命の成長ですな、世の初めに人の内に黄金の生命の種子が植えられましたな、その発育発展ですよ。

神はみなさんを祝福なさいます。神はみなさんお一人お一人すべてを祝福なさいます。平和がみなさんとともにありますように、神は愛ですからな。

第12章　エピローグ――黄金の都

――イースター祭（訳者注、イエスの復活を記念して春分後に行われるキリスト教の祭り）の始めに伝えられた、このホワイト・イーグルの言葉は、これまでの章の「王冠」となるように思います。
（訳者注、これは編者の言葉です）

人は真理を求め、知識を求め、英知を望むものです。人はすべて幸福と喜びを求めます。人の魂はその真底《しんそこ》で神を求めていますからね。

春分には、この大地に力と霊的日光の洗礼がございます。つまり生命力の洗礼ですね。これぞ母なる大地の生命を刺戟し、その子宮から草木の成長を促すものです。しかしながら人間の方にもまた霊力の洪水があります。この事を多くの人々は理解していません。でも、小鳥のさえずるのを聞けば嬉しく、花が咲くのを見て喜び、すべての春の恵みに故しらぬ嬉しさを思います。「ああ、生けるしるしあり、春の日は何と素敵！」と、人々は声に出して叫びたくなります。

皆さまには、もう一歩を進めて貰いたい。春が来るので嬉しい、それだけでなく、もう一歩深い意味が判って頂けましたらな、――春分と共に、かのキラメク光の降下があるのです、

燦々たる力そして霊的インスピレーションの降下ですね。これがあるから、皆さんの意識が天界へと高められましょう。かの聖ヨハネの言葉にある「黄金の都」の気付きが湧きましょうな。（訳者注、黄金の都とは「ヨハネ黙示録」21章の新しいエルサレムのこと）

この黄金の都はどこにあるのでしょうか？　外部のどこかでしょうか。それとも人間自身の内にある何か、でしょうか。それは両方にあるのですぞ、皆さま。しかし、先ず初めに、この都はあなた方すべての者の深奥に在ります。しかしですな、内に在るものはすべてこれ外部にあるものとなって現れます。つまり人間の外側に在るものとなって形を現します。ご存知でしょう？　人が死後、魂が置かれる状況は、肉体にあったとき、いつも生活の中で持っていた想念や感情を反映したものだということ。その環境は、その人自身の想念や熱望したものが外面化したものです。地上にいたとき、自分の心を満たしていたものが何であっても、それが、他界でその人の身の周りを取り囲む最初のものです。あなたの家さえ外面化しますよ。――蔵書、お気に入りの絵画、愛した庭、休みの日に好んで訪れた場所――その人を楽しませた全てが、まさにその人が霊の世界で暮らすときに身のまわりにあるも

のです。

子供が大人に成長するように、人の霊性は成長いたします。やがては人間から天使のように成長いたします。聖書に、もし人が全てのことを克服するなら、神の息子ー娘、そして天使になるという一節があります。（訳者注、ルカ伝20章35〜36節参照。ヨハネ伝1章12節参照）。地上の牢獄にある皆さんには、夢にも思わぬ生命の境域が存在しています。でも、これは肉体にある間は天界の栄光は理解できませんよという意味ではありません。魂が成長して、その熱望、黙想、祈り、愛で、神への意識が進んでいけば、その人は黄金の都に入るイニシエーションの関門をくぐりつつあるのです。

皆さんは読んでご存知でしょうが（注、ヨハネ黙示録21章14節）、この都には十二の土台があります。この十二の土台とは、魂の十二の特性、つまり人の魂の内に「エルサレム」を築くために不可欠の特性のことです。十二の門とか十二部族とか記されていますが、これは人間の十二の完全な型、完全な天の十二宮を意味すると解釈します。三つの門が、北、南、東、西にそれぞれあります（注、同21章13節）。これは人が完全な都を作るに必要な要素である、土、空気、火、水ではないですかな。

もう一つ大事なポイントがあります。ヨハネは、新しい天と新しい地に海はないと言っています（注、同21章1節）。これは境界はない、天と地の間には境界線がないということです。つまり、人がそこへ向かって進んでいる新しい生命の境域であるこの新しい都には、天と地の双方の生命が交互に滲透し合っていますよと、そういうことですね。ここに、六つの稜《りょう》をもつ星（訳者注、六芒星✡）の象徴で示される完全な調和が見えていますね。見える目を持つ者なら誰しも心得ていることだが、天と地は相互滲透しており、この相互滲透は人間の体にも表現されているに違いないと。彼が高まった意識や視力で、黄金の都の黄金の通りを歩めば、幻が見えてきましょう。この幻によって彼の日常生活が乱されるものではなく、却《かえ》って彼は更に高位の体と精神とが具わることになり、彼は地に住み天に住む者になると、こう彼には判りましょうな。

海が象徴する境界はやがては捨て去られねばなりません。やがて克服され消えましょう、そうして天と地の生命が完璧に滲透し合うことになりますよ。この天の都こそ中国の古い教えにある黄金の花に該当するものです。この黄金の都と黄金の花はハートの中心、その深奥の状態を示すものです（訳者注、エデンの門と言われるハートチャクラが開花し全開した状態）。誰しもこの境域に至れます、神の光を放つ状態にね。もし人が熱誠の想いと正しい瞑想を行うならば。新しいエルサレムは十二の生命の美徳の土台の上に築かれます。皆さんは読んでご存知と思うが（注、同21章16節）天使が物差で１４４キュービットと測りました。それは完全な立方体であり、完全な四角であることが判りました。このことは、完全となった人の魂は完全な四角で表現されるということですね。完全な人（男・女）の数字は９です。これは、数字１４４を全部足した数を表しています。

新しいエルサレムとは、完全となった魂、即ち完全となった男・女のことです（訳者注、男性と女性の特性を兼ね具えた完全な人）。これが皆さま、真理を求める者の到着点です。でも、それは何千年に何千年も重ねた後の事などと思わないで下さいよ。あなた方は、今、この完璧な生命

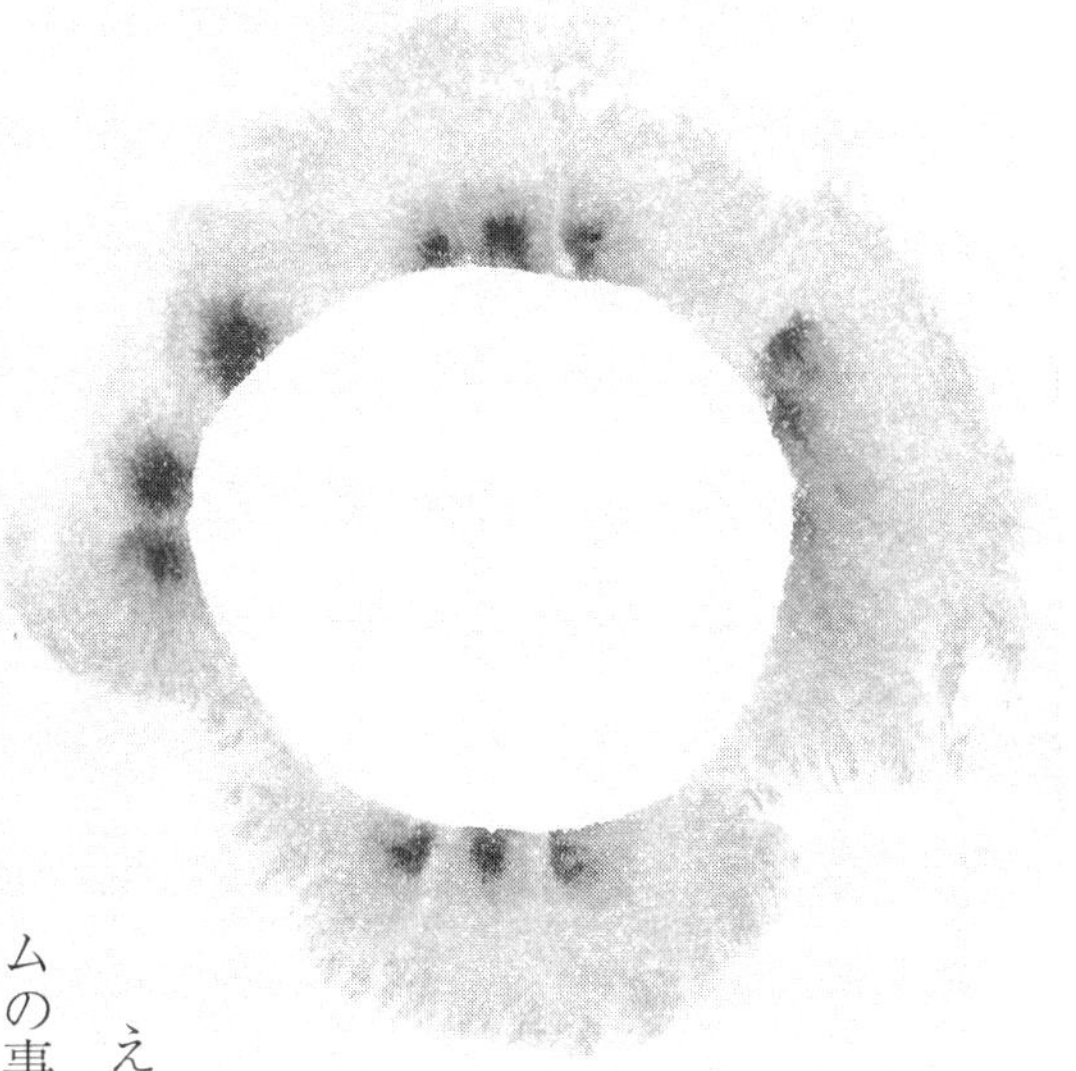

に向け理解のスタートを切ることが可能なのですぞ。

これは、求めて努力する価値のあること、生命が生きるに値する未来像ではありませんかな。されば、我らは次のように確信している。この真実の未来像が人の心に、頭に、魂にしっかり根付く時、一切の混乱、心身の病気、現時点での地上のすべての悲哀や別離や不都合なことは、すべてその一切が消え去って行きましょうぞ。愛する皆さま方よ、イエスがエルサレムの事で涙を流した時、（訳者注、神から遣わされた預言者を迫害する当時のエルサレムの町の人々の状況を見て嘆いたこと）、イエスはイスフエルのエルサレムの町の事だけを嘆いたのでなく、人類の災い多くして悲しむべき魂に涙を流したのでした。

されば、我らは皆さまに神への感謝の思いをここに残しておきましょう。神の平和が皆さま方すべてを包みますよう、神の真理の理解が進みますよう、皆様の意識の深奥にこの真理が納まりますように。あなた方の内奥に眠るかの新しいエルサレムの未来像が貴方がたの目に見えますように。されば、その次に貴方がたが見た未来像が地上に形をとって姿を現すように、生命のあらゆる段階で姿を現しますように。

訳者あとがき

ホワイト・イーグルは霊媒グレース・クック女史の口を通じて、霊示を地上に伝えてきました。私は昭和三十八年頃その存在を知り、当時の心霊科学研究会の機関誌「心霊と人生」の紙上を通じて紹介してきました。その後単行本となり、この『神への帰還』で七冊目の訳書になります。他方、私は昭和二十八年から「心霊と人生」誌上でシルバー・バーチの霊示を日本に紹介し、それが『シルバー・バーチ霊言集』（潮文社刊〈編注、現在でくのぼう出版刊〉）となっています。実は、バーチとイーグルはアトランティス時代（一万年以上前に陥没した文明期）、無二の親友でした。それが二十世紀、そろって霊示を地上に伝えに来始めたのです。シルバー・バーチは霊媒モーリス・バーバネル氏の口を通じて、一九二四年からバーバネル氏が他界する一九八一年まで。他方、ホワイト・イーグルはグレース・クック女史を通じて、一九三〇年頃からクック女史の他界一九七九年まで。

この両者の霊示の根幹は一致しています、「人は神の子」。バーチは「人は神の分身（分霊）」と言い、イーグルは「人は神の息子・娘」と伝えています。もう一つは近未来における「新時代の到来」です。つまり地球に恒久平和と幸福の時代が今日明日にも開かれますよと予告しています。但し、シルバー・バーチはそのためには、人が先ず学ぶべき法があると言って、平和と建設の法「愛と奉仕」、その反対の破滅と破壊の法「自己中心」、この法を中心にいろいろな教えを展開させています。また、ホワイト・イーグルは、新時代の到来は、人が神の光の通路となって初めて実現するのだとして、人が神の通路となる方法（キリスト人となる方法）を中心に教えを展開しています。アトランティスで盟友であった二人は、二十世紀にも轡《くつわ》を並べて出現し、同じ教え「人は神」を、それぞれ手分けして教えました。そして今、（バーチは一九八一年以後、イーグルは一九七九年以後）、新時代到来のための実践活動の直接指導とまた直接の作業に入っています。

ちなみにホワイト・イーグルは、「ホワイト・ブラザーフッド（聖白色同胞団）」に所属すると、つまり人類の進化指導に責任を負い、その仕事をする宇宙的組織のメンバーであること、だからそこから使命を受けて降下してきていると伝えています。同じくシルバー・バーチも、その系統のものです。たとえばバーチの分霊の一つが、クト・フーミ（聖白色同胞団の次期のキリスト役を予定されているマスター）であること。もう一つの分霊がアトランティス末期のサンガリ党首のシガリ。バーチの出自は琴座のベガ星であるようで、よく分かりません。

但し、今、現在バーチの背後にモーセがあり、その深奥にイエスがいる（注、ここでのイエスはキリスト、本書でホワイト・イーグルが教えている宇宙初源の光、生命の源、また太陽でもあるキリストの意味）。さて、モーセの分霊が最澄（法華経を中心に比叡山に仏教教学の殿堂を建てた伝教大師）、ちなみに宮沢賢治は最澄の生まれかわり。こうして見てくると、今始まりかけている新時代の到来がどのような形で進行していくか、輪郭が見えてきませんか。

本書では、ホワイト・イーグルは「神への帰還」を中心に説いています。人は神の分霊であり（内在の神性をもつもの）、だから神性が発芽する時、神のような人・キリスト人になる。このヒトがキリスト人になるポイントは、知性ではなく愛。愛によって人は神から出て神に帰る。これが人間のふる里帰り、つまり栄光の至福の人、至福の世を到来させるコツ。そして、この事は、「人は祖に基づき、祖は神に基づく」と、古来からの日本伝統の道、日本古神道（神ながらの道）に一致します。従って、このたびの地球パラダイス化の仕事は、バーチやイーグルなど聖白色同胞団（人霊の系統）と共に、日本の神々が深くかかわっています。即ち日本の国土が関係しています。今まさに天の時、地の利、人の和、この三つが一つに結ばれつつ、新時代が到来しかかっているようです。

但し、二〇〇三年をどん底として、つまり天から落ちた鞠《まり》が地に衝撃でハリ裂けんばかりにヘコんで、いよいよ二〇〇四年から無事に膨らみつつ天へ反動で飛翔できるか、その瀬戸際にさしかかっています。この時『神への帰還』、神の子ヒトの晴れて故里帰り成るか？　出版のタイミングもよかったと思います。

最後に二人に謝意を述べます。渡部俊彦君は多忙と少し目が弱った私のために本書の下訳をしてくれました。英語が堪能なだけではやれない仕事です。ネオ・スピリチュアリズム（バーチとイーグルの教え、浅野和三郎・脇長生の日本神霊主義、この上に立ったネオ・スピリチュアリズム）に理解がないと、ホワイト・イーグルの微妙な教示は適確につかめないからです。渡部俊彦君はまさにそれにふさわしい人、ありがとう。もう一人、表紙絵と挿絵を描いた熊谷直人君。熊谷君は絵そのものから癒しの波動が出るといわれる生命が写せる画家の卵、これも本書にふさわしい、どうもありがとう。

二〇〇四年　六月　六日

桑原　啓善

桑原《くわはら》 啓善《ひろよし》（ペンネーム・山波言太郎《やまなみげんたろう》）

1921年生まれ。詩人、心霊研究家、自然音楽療法研究家。1942年心霊研究の迷信を叩こうとして「心霊科学研究会」に入り、逆にその正しさを知りスピリチュアリストとなる。1985年「生命の樹」団体を結成しネオ・スピリチュアリズムに基づくデクノボー革命運動。1992年リラヴォイス開発、1995年自然音楽誕生。1999年デクノボー革命実現。現在、「自然音楽研究所」で地球の恒久平和活動に従事。著書『ワンネスブックシリーズ』（全6巻）、『音楽進化論』『宮沢賢治の霊の世界』他。訳書『シルバー・バーチ霊言集』『ホワイト・イーグル霊言集』『霊の書』他。詩集『地球が晴れて行く』他。

渡部《わたなべ》 俊彦《としひこ》

1969年生まれ。早稲田大学（法）卒。予備校講師・翻訳業。桑原啓善氏の提唱したネオ・スピリチュアリズムがきっかけとなり、国内外の心霊研究・スピリチュアリズムの文献を収集・研究する。

熊谷《くまがい》 直人《なおと》

1978年生まれ。2000年 久米賞（東京芸大奨学基金賞）。2003年 O氏記念賞（東京芸大卒業）、台東区長賞（卒業制作「森」台東区蔵）、2004年 シェル美術展入選。現在、東京芸術大学大学院修士課程（油画）2年在籍。

桑原啓善　訳書一覧

でくのぼう出版 刊

ホワイト・イーグル

ホワイト・イーグル霊言集	1,320円（税込）
霊性進化の道	1,320円（税込）
秘儀への道（新装版）	1,430円（税込）
光への道（新装版）	1,320円（税込）
天使と妖精（新装版）〈ワンネスブック4〉	1,320円（税込）
自己を癒す道（新装版）〈ワンネスブック6〉	1,320円（税込）
アメリカ大陸の太陽人たち〈監訳〉（訳 加藤 明）	1,320円（税込）

シルバー・バーチ

シルバー・バーチ霊言集	1,540円（税込）
シルバー・バーチに聞く（注釈文を含む）	1,068円（税込）

その他

アラン・カーデック 霊の書（上）		1,320円（税込）
アラン・カーデック 霊の書（中）		1,320円（税込）
アラン・カーデック 霊の書（下）		1,320円（税込）
ステイントン・モーゼス 続・霊訓		1,650円（税込）
近代スピリチュアリズム百年史	E・トンプソン 著	1,650円（税込）
ワードの「死後の世界」（新装版）〈ワンネスブック5〉		1,320円（税込）
ジュリアの音信	W・T・ステッド 著	844円（税込）
人間の生き方 THE WAY OF LIFE	A・フィンドレー 著	1,602円（税込）

ホワイト・イーグル
神への帰還
二〇〇四年 八月 一五日 初版第一刷発行
二〇二三年 二月 一一日 第三刷発行
訳　者　桑原 啓善
装幀者　桑原 香菜子
発行者　山波言太郎総合文化財団
発行所　でくのぼう出版
神奈川県鎌倉市由比ガ浜 四―四―一一
TEL 〇四六七―二五―七七〇七
ホームページ https://yamanami-zaidan.jp/dekunobou
発売元　星雲社（共同出版社・流通責任出版社）
東京都文京区水道 一―三―三〇
TEL 〇三―三八六八―三二七五
印刷所　シナノ パブリッシング プレス

ISBN978-4-434-04669-8